T5-AFS-698

Le droit des affaires appliqué

Martin Pinault

Le droit des affaires appliqué

Les Presses de l'Université Laval

Les Presses de l'Université Laval reçoivent chaque année du Conseil des Arts du Canada et de la Société de développement des entreprises culturelles du Québec une aide financière pour l'ensemble de leur programme de publication.

Nous reconnaissons l'aide financière du gouvernement du Canada par l'entremise de son Programme d'aide au développement de l'industrie de l'édition (PADIÉ) pour nos activités d'édition.

Données de catalogage avant publication (Canada)

Pinault, Martin, 1968-

Le droit des affaires appliqué

Comprend un index.

ISBN 2-7637-7689-2

1. Droit des affaires – Québec (Province). 2. Entreprises – Droit – Québec (Province) – Ouvrages de vulgarisation. 3. Sociétés – Droit– Québec (Province) – Ouvrages de vulgarisation. 4. Travail – Droit– Québec (Province) – Ouvrages de vulgarisation. I. Titre.

KEQ477.Z82P56 1999 346.71407 C99-941771-1

Maquette de couverture : Chantal Santerre
7e tirage : 2007

Dépôt légal 4e trimestre 1999
ISBN 2-7637-7689-2

Les Presses de l'Université Laval
Pavillon Pollack, bureau 3103
2305, rue de l'Université
Université Laval, Québec
Canada, G1V 0A6
www.pulaval.com

Table des matières

Avant-propos

Les ouvrages généraux en droit des affaires sont souvent théoriques et abstraits. L'exposition des règles légales accompagnées de leur analyse ne suffit souvent pas au non-initié pour avoir une compréhension satisfaisante de l'environnement juridique de l'entreprise. La transition de la théorie à la pratique est souvent ardue après la seule consultation d'un ouvrage général. C'est précisément cette difficulté que vise à aplanir cette présentation du droit des affaires. Dans cette perspective, le présent livre constitue un complément aux ouvrages de base en droit des affaires et s'adresse à toute personne désireuse de comprendre les aspects légaux des actes commerciaux.

La compréhension des règles de droit y est favorisée par une approche pratique de la matière. L'auteur démontre comment s'appliquent les principales dispositions légales dans des contextes concrets. En fait, les exemples utilisés sont souvent des cas réels tirés de la jurisprudence.

L'exposé qui suit aborde les règles les plus importantes relatives aux sociétés, à la compagnie, à la publicité légale des entreprises, à la protection des entreprises, aux devoirs des administrateurs, aux relations de travail dans l'entreprise, au financement et à la faillite.

Comment utiliser ce livre

Cet ouvrage ne saurait prétendre remplacer un livre de base en droit des affaires. Il en constitue plutôt le complément devant être consulté en parallèle. Il est donc suggéré au lecteur de prendre d'abord connaissance des commentaires généraux concernant les dispositions légales dans un ouvrage de base avant de se référer à l'analyse apportée dans celui-ci.

L'objectif poursuivi est de démontrer les modalités d'application des dispositions légales relatives au droit des affaires les plus importantes. À quelques exceptions près, les articles de loi analysés sont reproduits intégralement. La mise en situation et le commentaire qui suivent portent parfois sur l'article entier, parfois sur une partie seulement. Afin de faciliter la consultation, le texte de loi qui fait l'objet de l'analyse est écrit en *caractère italique.*

La simple lecture d'une disposition légale ne révèle pas toujours sa complexité lorsque vient le temps de l'appliquer. Pour vous donner une indication, le numéro de l'article de loi est suivi d'un ou de plusieurs astérisques, leur nombre signifiant le degré de difficulté de la disposition, selon la convention suivante :

- * facile
- ** difficile
- *** très difficile

Abréviations

Code canadien du travail : « C.c.t. »

Code civil du Québec : « C.c.Q. »

Code de procédure civile : « C.p.c. »

Code du travail, L.R.Q., c. C-27 : « C.t. »

Loi sur les compagnies du Québec, L.R.Q., c. C-38 : « L.c.Q. »

Loi sur la faillite, L.R.C. (1992), c.27 : « L.f. »

Loi sur les marques de commerce, L.R.C., 1985, c. T-3 : « L.m.c. »

Loi sur la publicité légale des entreprises individuelles, des sociétés et des personnes morales, L.R.Q., c. P-45 : « L.p.l.e. »

Loi sur les normes du travail, L.R.Q., c. N-1.1 : « L.n.t. »

Loi sur les sociétés par actions, L.R.C. 1985, c. C-44 : « L.s.a. »

SOCIÉTÉS

Code civil du Québec

ARTICLE 2186 ***

Le contrat de société est celui par lequel les parties conviennent, dans un esprit de collaboration, d'exercer une activité, incluant celle d'exploiter une entreprise, d'y contribuer par la mise en commun de biens, de connaissances ou d'activités et de partager entre elles les bénéfices pécuniaires qui en résultent.

Le contrat d'association est celui par lequel les parties conviennent de poursuivre un but commun autre que la réalisation de bénéfices pécuniaires à partager entre les membres de l'association.

Mise en situation 1

Gracien Bernier est propriétaire d'une petite entreprise de distribution de produits pétroliers. Il y a quelques mois, un certain Yvan Côté lui commandait pour la première fois de l'essence pour un garage nouvellement construit sur la rue des Lilas. Au moment de la livraison, conformément à la politique de son entreprise, Bernier a laissé à Côté une facture payable dans 60 jours. Bernier a pu remarquer que, en plus de la vente d'essence, Côté faisait de la mécanique dans son garage. Bernier a effectué quatre autres livraisons à ce garage, sans être payé. Il a donc mis Côté en demeure de payer le solde de 26 000 $ qui lui est dû et entend entreprendre des procédures judiciaires. Après vérification, Bernier prend connaissance que Côté est criblé de dettes et ne possède aucun bien. L'immeuble qui sert de garage n'appartient même pas à Côté, mais à Jacques Leblanc. Celui-ci retirerait un certain pourcentage des bénéfices générés par l'exploitation du garage. Bernier comprend donc qu'il serait bien inutile de poursuivre Côté en justice à cause de son insolvabilité. Néanmoins, il se demande s'il aurait un recours contre Leblanc pour recouvrer sa créance. Ce dernier est beaucoup plus solvable, et d'ailleurs il était présent au garage au moment de la dernière livraison[1].

Commentaire

L'interprétation d'une situation où un créancier impayé tente de démontrer qu'une personne qui gravite autour d'une entreprise est associée d'une société fait souvent appel à l'article 2186 du *Code civil.* La raison en est que les associés d'une société sont responsables des dettes de celle-ci (C.c.Q., art. 2221). Bernier doit donc démontrer que le garage est exploité par une société et que Leblanc et Côté agissent à titre d'associés de cette société. Il faut alors considérer l'article 2186, qui définit les conditions de formation d'une société. Bernier doit démontrer que Leblanc et Côté ont versé un **apport**, qu'ils **partagent les bénéfices** et que l'***affectio societatis*** est présent. Dans notre cas, il est facilement démontrable que Leblanc et Côté ont versé un apport. Côté a apporté son travail, et Leblanc son immeuble. La condition relative aux bénéfices est remplie puisque Côté et Leblanc comptent se partager les profits découlant de leurs activités.

Il ne manque donc qu'à vérifier si l'*affectio societatis* est présent. C'est la présence ou l'absence de cet élément qui permettra de distinguer le contrat de société d'autres types de contrats et de qualifier la relation qui existe entre Leblanc et Côté. Effectivement, le contrat de société peut ressembler à d'autres types de contrats, par exemple au contrat de travail ou, comme dans le cas présent, au contrat de location.

---

1. Cette mise en situation est inspirée de l'arrêt *Pinsky* c. *Poitras*, (1939) 44. R. de J. 63 (C.S.), où des faits similaires étaient présents.

Pour se soustraire à cette dette, Leblanc tenterait probablement de démontrer que Côté exploite une entreprise individuelle et qu'il n'existe entre eux deux qu'un simple contrat de location pour l'immeuble. Bernier devrait alors prouver qu'il était dans l'intention de Côté et de Leblanc de former une société et de se comporter comme des associés. Cette preuve de l'*affectio societatis* est difficile à établir puisqu'il faut connaître l'intention des parties pour déterminer la présence de cet esprit de collaboration. Il faut alors mettre en preuve des faits concrets démontrant cette intention. La façon dont se prennent les décisions dans l'entreprise devient un critère important. Bernier devra démontrer que Leblanc est consulté pour les décisions importantes (tarif horaire, engagement d'employés, heures d'ouverture du garage, emprunts bancaires, choix des fournisseurs, etc.) ou qu'il a lui-même posé des actes au nom de l'entreprise. La participation de Leblanc à la gestion du garage sera un indice déterminant de son statut d'associé. Dans le cas contraire, il sera considéré comme un locateur et ne sera pas tenu responsable des dettes de l'entreprise.

Mise en situation *2*

Fernande exploite un restaurant avec deux autres associées dans la région du Lac-Saint-Jean. Il y a presque un an elle recevait la visite de Guy Martin, qui lui proposait un contrat de publicité. Guy lui a expliqué que l'entreprise qu'il représentait, *Publiplus*, confectionnait un bottin publicitaire qui inclurait les restaurants de la région. Le bottin une fois réalisé, *Publiplus* s'occuperait de le distribuer, aux touristes principalement. Fernande a accepté la proposition et remis à Guy une somme de 1 000 $. Aujourd'hui, rien de ce que *Publiplus* avait promis à Fernande n'a été fait. Il semble que *Publiplus* n'a pu donner suite à ses engagements parce qu'un nombre insuffisant de restaurants ont accepté son offre. Fernande veut récupérer son argent. Guy est insolvable et ne peut rembourser. Mais Fernande apprend qu'un certain Louis Pitre était mêlé à cette entreprise. Comme Guy, Louis visitait les restaurants pour les convaincre de s'inscrire au bottin. Fernande apprend également que *Publiplus* en était à son premier mandat. Guy et Louis sont deux universitaires qui n'ont investi aucun sou dans cette entreprise. L'idée du bottin vient de Guy. Un bon matin, Louis lui avait proposé de visiter un restaurant dont il connaissait le propriétaire. Guy avait fait part à Louis qu'il le récompenserait si sa démarche était fructueuse. Guy avait réussi sa vente. Avant que Guy ne donne suite à sa promesse de récompenser Louis, les deux ont poursuivi leurs démarches et, finalement, Guy et Louis ont visité le même nombre de commerces et effectué le même nombre de ventes. Mais ils n'avaient pas encore parlé d'argent. Louis avait confiance que Guy était une personne suffisamment reconnaissante pour apprécier ses efforts. Fernande veut savoir si Louis et Guy ont créé une société, afin d'être en mesure de poursuivre Louis pour être remboursée.

Commentaire

Le contrat de société peut être facilement confondu avec le contrat de travail. Ce dernier met en présence un employé et un employeur. L'employé fournit une prestation de travail, alors que l'employeur apporte les moyens de production nécessaires à l'exploitation de l'entreprise. Cette contribution est qualifiée d'apport au sens de l'article 2186. La personne rémunérée à la commission ou selon un pourcentage du chiffre d'affaires de l'entreprise est dans une situation presque similaire à celle de l'associé qui participe aux bénéfices. En fait, peu importe le type de contrat, celui-ci implique toujours des obligations pour les parties et, en contrepartie, l'espérance d'en retirer un gain. Par conséquent, seul l'examen subjectif de la nature des relations entre les individus permet de savoir si l'*affectio societatis* est présent et de distinguer le contrat de société du contrat de travail ou d'autres types de contrats. Le contrat de travail implique qu'une personne possède le pouvoir de gérance (le droit de décider des tâches de l'employé et de prendre seul les décisions relatives à l'entreprise), alors que l'employé est subordonné à ce pouvoir. C'est ce qu'on appelle le lien de subordination (C.c.Q., art. 2085). Au contraire, le contrat de société et l'*affectio societatis* supposent que les personnes sont traitées sur un pied d'égalité. La nuance est parfois mince lorsqu'un employé possède une grande latitude dans l'exécution de son travail ou occupe, dans la hiérarchie de l'entreprise, un poste élevé qui le met en relation de pouvoir avec d'autres employés.

La qualification du contrat entre Louis et Guy est difficile. S'agit-il d'un contrat de société ou d'un contrat de travail ? C'est encore la présence ou non de l'*affectio societatis* qui est déterminante. Il faut voir ce que Louis et Guy avaient en tête pour être en mesure de déterminer si Louis n'était qu'un simple employé de Guy ou pouvait prétendre au statut d'associé. Louis tenterait probablement de démontrer que *Publiplus* était une entreprise mise sur pied par Guy et que ce dernier pouvait à sa guise décider de se départir de ses services ou prendre seul les décisions relatives à *Publiplus.* Il est fort probable que Louis pourra démontrer que Guy voulait seulement utiliser ses services pour la visite des commerces ou que ses services dans l'entreprise étaient conditionnels aux besoins de celle-ci. Dans ce cas, Louis ne serait pas un associé de Guy. *Publiplus* serait une entreprise individuelle dont Guy est le propriétaire et Louis, un employé[2].

Mise en situation 3

France est avocate. Elle partage un bureau au 1134, chemin des Pissenlits avec cinq autres avocates. Le bureau est situé dans un immeuble appartenant à une importante société immobilière. Le loyer fixé pour le bureau est de 6 000 $ par mois. France a facturé des honoraires professionnels pour 158 000 $ la dernière année et tous ses clients ont payé leur compte. Ce fut pour elle une bonne année, comparativement à ses cinq partenaires dont les honoraires, en moyenne, s'élevaient à 120 000 $. Selon l'entente passée entre les six avocates, chacune conserve le montant de ses honoraires, mais les dépenses doivent

2. Voir *Bourboin* c. *Savard,* (1926) 40 B.R. 68, pour un autre cas où il fallait décider si on était en présence d'un contrat de société ou d'un contrat de travail.

être partagées en parts égales. France a donc versé 12 000 $ pour le loyer, 8 000 $ pour le salaire de la secrétaire, 10 000 $ pour les équipements et 7 000 $ en frais divers pour le roulement du bureau. Il reste donc à France 121 000 $ avant impôt. France et ses associées ont-elles créé une société ?

Commentaire

France et ses partenaires ont partagé les dépenses mais non leurs revenus, puisque France a conservé la somme de 121 000 $. Les bénéfices ne sont pas réalisés en commun et, pour cette raison, France et ses partenaires n'ont pas formé une société. Les avocates ont facturé des honoraires totaux de 758 000 $ (158 + (5 x 120)). Pour que ces bénéfices soient considérés comme réalisés en commun, il aurait été nécessaire que l'entente ait prévu que les profits soient partagés entre les avocates selon une proportion préalablement établie ou selon les termes de l'article 2202 du *Code civil.* L'entente qui prévoit que chacune des personnes conserve ses bénéfices exclut la possibilité de la formation d'une société.

Le contrat entre deux ou plusieurs personnes qui se regroupent afin de partager les dépenses ressemble au contrat de société, mais il doit en être distingué. Il est très fréquent entre professionnels de passer des arrangements afin de partager le même bureau, un service de secrétariat et l'équipement de bureautique. De tels regroupements peuvent ressembler à des sociétés, mais ils n'en constituent pas si les membres du regroupement conservent les montants qu'ils perçoivent pour leur travail, peu importe leur entente concernant le paiement des dépenses. Dans ces cas, effectivement, les affaires d'un partenaire peuvent aller très bien et celles d'un autre, très mal. Dans le cas d'une société, au contraire, tous les associés souffrent des mauvais résultats de l'un ou profitent du succès de l'autre parce que les bénéfices sont mis en commun avant d'être partagés.

ARTICLE 2189 *

> *La société en nom collectif ou en commandite est formée sous un nom commun aux associés. Elle est tenue de se déclarer, de la manière prescrite par les lois relatives à la publicité légale des sociétés ; à défaut, elle est réputée être une société en participation, sous réserve des droits des tiers de bonne foi.*

Mise en situation

Anne, Marie et Roger sont trois étudiants fréquentant le cégep. Ils se regroupent pour jouer de la musique. Anne et Marie jouent de la guitare depuis cinq ans et possèdent des voix puissantes. Roger, quant à lui, est particulièrement habile à la batterie. Ils réussissent à décrocher des contrats dans les bars dont ils font la tournée. Ils n'ont jamais vraiment parlé affaires entre eux, ni mis d'entente sur papier ni exécuté quoi que ce soit de formel. Ils se partagent tout simplement les sommes qui leur sont remises par les propriétaires des bars. Ils n'ont rien investi puisque chacun possédait son instrument. Ils utilisent la voiture d'Anne pour se déplacer et se partagent les frais d'essence.

Commentaire

Une société est formée dès qu'on est en présence d'un apport, d'un partage des bénéfices et de l'*affectio societatis* (C.c.Q., art. 2186). Une société est nécessairement en nom collectif, en participation ou en commandite. Celle formée par Anne, Marie et Roger est une société en participation puisqu'ils n'ont pas déposé de déclaration d'immatriculation. Une telle déclaration doit obligatoirement être déposée pour créer une société en nom collectif ou en commandite. D'ailleurs, les associés doivent indiquer dans cette déclaration s'ils désirent former une société en nom collectif ou en commandite.

ARTICLE 2196 *

Si la déclaration de société est incomplète, inexacte ou irrégulière ou si, malgré un changement intervenu dans la société, la déclaration modificative n'est pas faite, les associés sont responsables, envers les tiers, des obligations de la société qui en résultent ; cependant, les commanditaires qui ne sont pas par ailleurs tenus des obligations de la société n'encourent pas cette responsabilité.

Voir la mise en situation et le commentaire sous l'article 62 de la L.p.l.e. dans la partie *Publicité légale des entreprises.*

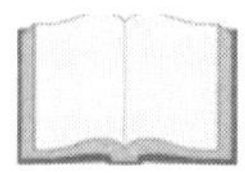

ARTICLE 2202 **

La part de chaque associé dans l'actif, dans les bénéfices et dans la contribution aux pertes est égale si elle n'est pas déterminée par le contrat.

Si le contrat ne détermine que la part de chacun dans l'actif, dans les bénéfices ou dans la contribution aux pertes, cette détermination est présumée faite pour les trois cas.

Voir la mise en situation et le commentaire sous l'article 2221 du *Code civil du Québec* dans cette partie.

ARTICLE 2203 **

La stipulation qui exclut un associé de la participation aux bénéfices de la société est sans effet.

Celle qui dispense l'associé de l'obligation de partager les pertes est inopposable aux tiers.

Voir la mise en situation et le commentaire sous l'article 2221 du *Code civil du Québec* dans cette partie.

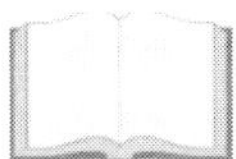

ARTICLE 2206 **

Lorsque l'un des associés est, pour son propre compte, créancier d'une personne qui est aussi débitrice de la société, et que les dettes sont également exigibles, l'imputation de ce qu'il reçoit de ce débiteur doit se faire sur les deux créances dans la proportion de leur montant respectif.

Mise en situation

Stéphane Gendron est associé avec Odina Cousteau. Ils exploitent ensemble une quincaillerie. Leurs affaires vont très bien. Ce succès est dû en grande partie à *Bellemaison inc.*, un entrepreneur important qui se ravitaille à la quincaillerie. La société formée de Stéphane et d'Odina est nouvelle. Auparavant, Stéphane était seul propriétaire de la quincaillerie. L'entreprise avait besoin d'un investissement de 120 000 $ afin d'agrandir l'immeuble. Le 12 janvier 1999, Odina apportait cette somme en échange de son statut d'associée. Selon leur entente, tous les profits sont partagés en parts égales. Néanmoins, les comptes-clients impayés en date du 12 janvier n'appartiennent pas à la société mais à Stéphane seul, puisqu'il s'agit de ventes effectuées lorsque celui-ci était l'unique propriétaire. La politique de la quincaillerie est de donner un délai de quatre mois pour le paiement des achats excédant 2 000 $. Cette politique fait d'ailleurs l'objet d'une clause du contrat type de vente de la quincaillerie. *Bellemaison inc.* prend toujours plus de temps pour acquitter ses factures, mais cette pratique est tolérée par Stéphane et Odina.

Un solde de 80 000 $ est dû à la quincaillerie par *Bellemaison inc.* : 20 000 $ pour des achats effectués le 6 novembre 1998, 40 000 $ pour des achats effectués le 15 février 1999 et 20 000 $ pour des achats effectués le 5 avril 1999. Le 5 juillet, *Bellemaison inc.* donne à Stéphane un chèque au montant de 20 000 $. La façon dont doit être répartie cette somme est importante, puisque *Bellemaison inc.* fait faillite quelques mois plus tard avant d'avoir effectué d'autres paiements.

Commentaire

Stéphane est créancier de *Bellemaison inc.* pour une somme de 20 000 $, soit la valeur des achats du 6 novembre 1998. La société, quant à elle, est créancière du même débiteur pour une somme de 60 000 $. L'article 2206 indique que la somme de 20 000 $ reçue par Stéphane doit être répartie en proportion des créances exigibles respectives de Stéphane et de la société. Cependant, la somme de 20 000 $ due à la société pour les achats du 5 avril ne doit pas être considérée dans ce calcul puisqu'elle n'était pas exigible au moment où *Bellemaison inc.* a fait son versement. En effet, le contrat de vente entre la quincaillerie et *Bellemaison inc.* stipule que cette dernière a jusqu'au 5 août pour acquitter le montant de cet achat. Stéphane recevra donc le tiers des 20 000 $ payés par *Bellemaison inc.* La société en recevra les deux tiers, qu'elle partagera ensuite entre les associés.

ARTICLE 2207 *

> *Lorsque l'un des associés a reçu sa part entière d'une créance de la société et que le débiteur devient insolvable, cet associé est tenu de rapporter à la société ce qu'il a reçu, encore qu'il ait donné quittance pour sa part.*

Mise en situation

Louise Pomerleau et Cynthia Beauregard sont deux professeures à l'*École du quartier*. Elles se sont associées récemment afin d'acheter et de revendre le plus rapidement possible un commerce de fruits. Ce dernier était en faillite et était vendu pour un prix ridicule, soit 30 000 $. Elles ne s'y connaissent pas vraiment en affaires, mais elles ont pensé qu'elles pourraient facilement revendre ce commerce au moins

60 000 $. Elles ont donc investi chacune 15 000 $ pour l'achat. Elles ont également convenu qu'elles se partageraient en parts égales les profits découlant de cette opération. Mais les acheteurs sérieux ne se présentent pas comme Louise et Cynthia l'avaient espéré. Finalement, elles acceptent de revendre le commerce à Luce pour 30 000 $, soit 15 000 $ payables immédiatement et le solde dans une semaine. Louise encaisse le chèque de 15 000 $ et dépose la somme dans son compte, avec l'accord de Cynthia. Celle-ci conservera le prochain versement. Mais Luce devient insolvable et ne paye pas son dû. Louise affirme qu'elle ne versera aucun sou à Cynthia, puisque celle-ci était d'accord pour qu'elle encaisse le chèque de 15 000 $. Cynthia doit par conséquent se débrouiller pour percevoir de Luce le solde du prix de vente.

Commentaire

Louise est dans l'erreur. L'article 2207 l'oblige à rapporter à la société la somme de 15 000 $ qu'elle a reçue. Ce montant sera ensuite partagé entre les associées. Cela signifie que Louise devra remettre 7 500 $ à Cynthia. Les articles 2206 et 2207 visent le même but : les associés doivent souffrir également entre eux ou avec la société de l'insolvabilité d'un débiteur de la société.

ARTICLE 2208 *

Chaque associé peut utiliser les biens de la société pourvu qu'il les emploie dans l'intérêt de la société et suivant leur destination, et de manière à ne pas empêcher les autres associés d'en user selon leur droit.

Chacun peut aussi, dans le cours des activités de la société, lier celle-ci, sauf le droit qu'ont les associés de s'opposer à l'opération avant qu'elle ne soit conclue ou de limiter le droit d'un associé de lier la société.

Disposition liée : C.c.Q., art. 2215

Mise en situation

Au bon confort S.E.N.C. fabrique des meubles. Cette société est formée de quatre associés qui n'ont pas passé de convention écrite pour régir leurs relations. Alexandre, un des associés, possède très peu de connaissances en ce qui a trait à la fabrication de meubles. Il avait été pressenti pour se joindre à la société deux ans après sa formation parce qu'il est un bon vendeur. La société avait alors grand besoin d'une personne comme Alexandre. Les meubles, malgré leur qualité exceptionnelle, ne trouvaient pas d'acheteurs, faute d'une politique de vente efficace. Le rôle d'Alexandre est d'aller convaincre les grands magasins de meubles de la qualité des produits créés par *Au bon confort.* Les rapports d'Alexandre avec ses associés sont strictement une relation d'affaires. En fait, ceux-ci détestent Alexandre pour son arrogance et son avidité. Au départ, les trois associés fondateurs voulaient simplement engager Alexandre et lui verser un salaire. Mais celui-ci avait exigé de devenir leur associé avec une participation aux bénéfices de 25 %. Offusqués, les associés avaient néanmoins cédé, considérant les compétences d'Alexandre dans le secteur de la vente.

Il y a deux mois, Alexandre a acheté de son beau-frère une quantité importante de bois au nom de la société. Son beau-frère lui avait dit que c'était le meilleur bois sur le marché, pour le rapport qualité-prix. Alexandre croyait sincèrement faire une bonne affaire pour la société tout en rendant service à son beau-frère. Toutefois, le bois acheté ne peut être utilisé pour la fabrication de meubles parce qu'il n'est pas assez dur. C'est Luc, un autre associé, qui s'occupe habituellement des achats. La société a donc rapidement revendu le bois, mais en essuyant une perte importante. Les autres associés veulent qu'Alexandre rembourse la société pour son erreur.

Commentaire

La société n'a aucun recours contre Alexandre afin de se faire indemniser pour le préjudice qu'elle subit. Selon l'article 2208 du *Code civil,* Alexandre avait effectivement le droit de passer cette convention d'achat au nom de la société. L'article 2215 a le même effet. Un associé a donc le pouvoir de passer seul les contrats courants dans les activités de la société. Le mode de gestion de la société défini dans le *Code civil* n'est pas toujours idéal. Il aurait été préférable pour ces associés d'avoir une entente écrite dans laquelle les responsabilités sont réparties entre eux selon leurs compétences et indiquant également que certaines décisions importantes, comme les emprunts bancaires ou l'engagement d'employés, doivent être prises à la majorité ou selon une autre proportion des associés. Ces conventions sont permises (C.c.Q., art. 2212). En pratique, les associés avertis signent de telles conventions. Ils écartent ainsi l'application des articles 2208 et 2215, afin de favoriser une meilleure gestion et d'interdire à un associé de prendre seul des décisions dont l'importance exige qu'elles soient considérées par l'ensemble des associés. Cette précaution est particulièrement nécessaire dans les sociétés où le nombre d'associés est élevé. Dans ce cas-ci, si un contrat entre les associés spécifiait que seul Luc peut effectuer des achats, alors Alexandre aurait commis une faute contractuelle. La société pourrait lui demander de la rembourser pour le préjudice qu'elle a subi.

Les articles 2208 et 2215 régissent les relations entre les associés et entre les associés et la société seulement. Ils s'appliquent, comme dans le cas présent, lors d'un recours de la société contre un associé. Les relations entre la société ou un associé et les tiers sont une question complètement différente, qui est régie plutôt par l'article 2219 du *Code civil.* Ainsi, la validité du contrat entre la société *Au bon confort* et le beau-frère d'Alexandre est déterminée par cette disposition. Consultez la mise en situation et le commentaire sous l'article 2219 pour déterminer si la société *Au bon confort* pouvait faire annuler le contrat avec le beau-frère d'Alexandre.

La question de savoir si Alexandre a commis une erreur de gestion en achetant du bois qui ne convenait pas aux besoins de l'entreprise est également déterminée par une autre disposition du *Code civil*. Consultez la mise en situation et le commentaire sous l'article 322 dans la partie *Devoir des administrateurs*.

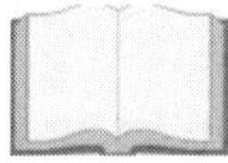

ARTICLE 2219 ***

> *À l'égard des tiers de bonne foi, chaque associé est mandataire de la société et lie celle-ci pour tout acte conclu au nom de la société dans le cours de ses activités.*
>
> *Toute stipulation contraire est inopposable aux tiers de bonne foi.*

Mise en situation 1

Emmanuelle est présidente d'une importante entreprise de distribution de vêtements érotiques, *Pelure d'Adam inc.* Agissant au nom de la compagnie, Emmanuelle a vendu à crédit récemment pour 34 000 $ de vêtements à *Au bon plaisir*, société en nom collectif. Cette société était représentée par Lisette, responsable des achats. Lisette est associée dans cette société avec quatre autres personnes. Les associés ont signé une convention dans laquelle il est stipulé que les achats dépassant 25 000 $ doivent être effectués par appel d'offres.

Lisette n'a pas fait d'appel d'offres avant de conclure l'achat avec Emmanuelle. En fait, le contrat a été signé au restaurant au cours d'un souper d'affaires. Les autres associés d'*Au bon plaisir* ont fait part qu'ils retourneraient la marchandise et que la société ne paierait pas. Emmanuelle se demande donc si *Au bon plaisir* peut agir ainsi à l'égard de sa compagnie et si elle va perdre cette vente.

Commentaire

Lisette n'a pas respecté la convention passée avec ses associés. La société est donc autorisée à entreprendre des recours contre Lisette, en dommages-intérêts notamment. Comme nous l'avons déjà mentionné (voir le commentaire sous l'article 2208 C.c.Q.), cette question est indépendante de celle de savoir si *Pelure d'Adam inc.* peut être affectée par la faute commise par Lisette. Cette question est régie par l'article 2219 du *Code civil*. Selon cette disposition, le contrat entre *Au bon plaisir* et *Pelure d'Adam inc.* est valable si :

- **le contrat est conclu par un associé**. Lisette est associée. Cette condition est donc remplie. Dans l'hypothèse où Lisette n'avait pas été associée, était une personne extérieure à la société, l'article 2222 se serait appliqué.
- **le contrat est conclu au nom de la société dans le cours de ses activités**. Cette condition est également remplie dans notre cas. Il faut interpréter cette condition d'une façon large. Les entreprises font aujourd'hui plusieurs transactions qui débordent le cadre normal de leurs activités. À titre d'exemple, une société d'avocats peut acheter un condominium en Floride qui sera utilisé par les associés pour leurs vacances ou par les clients importants du bureau, en guise de cadeau. Cette même société peut acheter des billets pour des événements sportifs, qu'elle remettra à ses clients. Ce type de transactions effectuées par les sociétés est très fréquent et considéré comme faisant partie de leurs activités courantes. Dans l'hypothèse où Lisette avait utilisé son nom personnel pour acheter les vêtements, l'article 2220 se serait alors appliqué.
- **le tiers est de bonne foi**. Emmanuelle doit être de bonne foi pour être protégée par l'article 2219. La bonne foi peut être définie comme étant l'absence de connaissance d'une irrégularité ou de circonstances de nature à soulever des doutes sur la régularité d'une transaction. Ainsi, si Emmanuelle avait connaissance que Lisette devait procéder par appel d'offres et qu'elle

> ne l'a pas fait, elle serait alors de mauvaise foi. Il en serait de même si Emmanuelle, sans connaître avec certitude la procédure d'attribution des contrats chez *Au bon plaisir*, avait tout de même connaissance de faits démontrant que les agissements de Lisette allaient à l'encontre de son contrat de société. Si Emmanuelle est de bonne foi, alors le contrat d'achat de vêtements érotiques est valable et *Au bon plaisir* doit payer.

Les tiers, en ce qui concerne les contrats qu'ils passent avec des sociétés, n'ont pas à se préoccuper des ententes qui peuvent exister entre les associés. Celles-ci leur sont inopposables. C'est ce que dit notamment l'alinéa 2 de l'article 2219. Les articles 2220 et 2222 ont pratiquement le même effet. Ces dispositions ont pour but d'augmenter la sécurité du commerce. L'objectif poursuivi par le législateur est de protéger les tiers de bonne foi. Ce ne sont effectivement pas les tiers qui doivent enquêter sur les restrictions ou pouvoirs des associés à l'intérieur de la société. Il revient plutôt aux personnes qui désirent former une société de choisir des associés qui respecteront les règles qu'elles voudront s'imposer. Cela est normal, puisqu'elles sont les personnes les mieux placées pour vérifier l'honnêteté de leurs éventuels associés.

D'ailleurs, l'article 2219 est représentatif d'un principe qui guide tout le droit des sociétés et qui est appliqué dans plusieurs autres dispositions du *Code civil*. Le litige qui oppose une société ou l'un de ses membres à un tiers est solutionné en deux étapes. Dans une première étape, il faut déterminer les droits du tiers envers la société. Il faut alors appliquer les articles 2219 à 2224 inclusivement. Le litige avec le tiers étant réglé, les associés déterminent entre eux leurs responsabilités. Il faut alors appliquer les articles 2198 à 2218 inclusivement.

Mise en situation 2

A.C. Plastics Inc. et *Polyshell Inc.* sont deux entreprises du secteur de la construction. Un appel d'offres est lancé par une compagnie de gestion immobilière pour la construction d'un immeuble à bureaux.

A.C. Plastics Inc. et *Polyshell Inc.* sont toutes deux intéressées à s'approprier le contrat, mais aucune des deux entreprises ne possède à elle seule les moyens techniques et financiers pour exécuter le contrat. Elles décident donc d'unir leurs ressources et de s'associer pour l'exécution de ce seul contrat. Leur initiative porte fruit, puisque la nouvelle société réussit à obtenir le contrat. Ce contrat arrive à temps pour *A.C. Plastics Inc.* puisque l'entreprise fait face à plusieurs créanciers impatients de réclamer leur dû.

L'entente entre *A.C. Plastics Inc.* et *Polyshell Inc.* stipule que les apports nécessaires et les profits découlant de l'exécution du contrat seront partagés également entre les associés. L'entente entre la société et le donneur d'ouvrage prévoit que ce dernier effectuera les paiements en dix tranches à des moments déterminés par l'avancement des travaux. Les paiements seront effectués par chèque au nom des deux entreprises. Ces dernières négligent d'ouvrir un compte de banque commun pour la durée du contrat. Les deux entreprises s'entendent plutôt pour que le compte de *A.C. Plastics Inc.* à la *Banque Royale* soit utilisé pour y déposer les chèques. L'entente prévoit que *A.C. Plastics Inc.* devra payer la part revenant à *Polyshell Inc.* dès la réception du chèque. Le gérant de la banque est informé par les représentants des deux compagnies qu'une société a été formée pour l'exécution du contrat, mais il n'est pas au courant des ententes existant entre les associés.

Il y a quelques jours, le donneur d'ouvrage a émis un chèque de 80 000 $ au nom de *A.C. Plastics Inc.* et *Polyshell Inc.* Un représentant de *A.C. Plastics Inc.* endosse le chèque, le négocie à la *Banque Royale* et utilise le montant entier pour payer un de ses créanciers. Peu après, *A.C. Plastics Inc.* fait faillite avant que *Polyshell Inc.* n'ait reçu sa part. *Polyshell Inc.* poursuit la banque pour 40 000 $, prétendant que cette dernière a commis une faute en permettant à *A.C. Plastics Inc.* de négocier le chèque sans son autorisation. *Polyshell Inc.* s'appuie aussi sur l'entente entre les associés, qui stipule que *A.C. Plastics Inc.* doit remettre immédiatement à *Polyshell Inc.* sa part après un paiement du donneur d'ouvrage[3].

---

3. Cette mise en situation est inspirée de l'affaire *Royal Bank of Canada* c. *Meyers*, [1989] R.J.Q. 514.

Commentaire

Nous sommes en présence de deux compagnies qui ont décidé de former une société pour exécuter un contrat accordé par une compagnie de gestion immobilière. Les règles relatives aux sociétés doivent donc s'appliquer pour régir les rapports de l'entreprise avec la banque et les rapports des deux compagnies entre elles.

Il faut considérer que le chèque était émis au nom d'une société, donc à une personne distincte des associés. La banque avait été mise au courant par *A.C. Plastics Inc.* et *Polyshell Inc.* de la nouvelle société qu'elles venaient de former. Selon l'article 2219, la banque pouvait alors tenir pour acquis que *A.C. Plastics Inc.* avait l'autorité nécessaire pour encaisser seule les chèques. Selon la même disposition, la banque n'avait pas à vérifier si *A.C. Plastics Inc.* utilisait les sommes de la manière convenue entre les associés. En effet, la banque était de bonne foi puisqu'elle ignorait l'entente entre les associés et l'utilisation faite par *A.C. Plastics Inc.* de la somme de 80 000 $. Pour cette raison, *Polyshell Inc.* n'a aucun recours contre la *Banque Royale.* Elle devra plutôt diriger son action contre son associée.

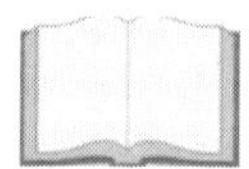

ARTICLE 2221 ***

À l'égard des tiers, les associés sont tenus conjointement des obligations de la société ; mais ils en sont tenus solidairement si les obligations ont été contractées pour le service ou l'exploitation d'une entreprise de la société.

Les créanciers ne peuvent poursuivre le paiement contre un associé qu'après avoir, au préalable, discuté les biens de la société ; même alors, les biens de l'associé ne sont affectés au paiement des créanciers de la société qu'après paiement de ses propres créanciers.

Mise en situation

Pire et Pluspire, société en nom collectif, est une entreprise familiale formée de cinq comptables, mise sur pied par la mère, Gisèle. Ses quatre filles se sont associées successivement au bureau. Aujourd'hui, l'entente entre les associées stipule que Gisèle participe pour 12 % aux bénéfices, et chacune de ses filles pour 22 %. La préparation de Gisèle à sa retraite et le peu de temps qu'elle consacre à la société expliquent ce partage des bénéfices. La société possède peu d'éléments d'actif. Le local où elle exploite son entreprise est loué. L'équipement de bureau fait l'objet d'un crédit-bail. Le seul bien dont la société est propriétaire est une somme de 12 000 $ dans un compte bancaire. La société est présentement en grande difficulté financière. La marge de crédit accordée par la *Banque du Coin* est utilisée à son maximum, soit 50 000 $. La banque ne croit pas que la société pourra se remettre sur le chemin de la rentabilité et réclame le remboursement complet de la marge de crédit.

Commentaire

La société est évidemment tenue de rembourser la somme de 50 000 $ puisque c'est elle qui a contracté l'emprunt. Les associés de la société sont également tenus personnellement responsables des dettes de la société envers ses créanciers. C'est ce qu'indique l'alinéa 1 de l'article 2221. Dans notre cas, il est donc à l'avantage de la banque de poursuivre la société et chacune des associées personnellement.

Pire et Pluspire exploite une entreprise et la dette a été contractée pour les activités de cette entreprise. La responsabilité des associées est donc solidaire. Cela signifie que chacune des associées est tenue au paiement complet de la dette de la société. Si, au contraire, la responsabilité avait été conjointe, alors les associées n'auraient été tenues envers la banque que pour leurs parts respectives. Puisque la responsabilité est solidaire, la banque va poursuivre la société et chacune des associées pour la somme de 50 000 $. Ces dernières ne semblent pas avoir de moyen de défense. Par conséquent, le tribunal devrait rendre un jugement favorable à la banque et condamner la société, Gisèle et chacune des quatre filles au paiement de la somme de 50 000 $.

À défaut de recevoir ce qui lui est dû, la banque devra faire exécuter le jugement. Elle devra alors faire saisir et vendre les biens des débitrices afin de recouvrer sa créance. À ce moment, il faut considérer l'alinéa 2 de l'article 2221, qui prévoit que le créancier doit discuter les biens de la société d'abord. La banque saisira donc la somme de 12 000 $ dans le compte bancaire avant de demander quoi que ce soit aux associées personnellement. Pour le solde, soit 38 000 $, la banque peut faire exécuter son jugement contre l'associée de son choix. En général, le créancier choisit l'associé le plus solvable, celui qui possède une somme d'argent de préférence, ou celui dont les biens sont les plus faciles à vendre, tel un immeuble.

Le créancier, ici la banque, n'a pas à poursuivre chacune des associées au prorata de leur part, ni à se préoccuper des ententes entre ces dernières. Celles-ci lui sont inopposables. C'est ce qu'indique notamment l'article 2203 du *Code civil.* L'associé qui est poursuivi et qui paie la dette peut, par la suite, exiger de ses associés de lui rembourser leur part. C'est à ce moment seulement que l'article 2202 et les ententes entre les associés sur le partage des pertes doivent être considérés. Dans notre cas, si Gisèle avait payé la somme de 38 000 $, elle pourrait poursuivre chacune de ses filles pour 8 360 $.

Que la responsabilité soit solidaire ou conjointe, le résultat est que chaque associé paye pour sa part. Si tous les associés sont solvables, seule la procédure est différente. Par contre, lorsqu'un associé est insolvable, la responsabilité solidaire fait en sorte que ce sont les autres associés et non le créancier qui vont souffrir de cette insolvabilité. Par conséquent, la personne qui désire s'associer a toujours intérêt à rechercher des gens plus solvables qu'elle ; sinon, c'est contre elle que les recours des créanciers de la société seront dirigés au cas où les affaires iraient moins bien que ce qu'elle avait prévu.

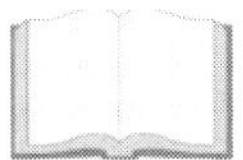

ARTICLE 2222 **

> *La personne qui donne à croire qu'elle est un associé, bien qu'elle ne le soit pas, peut être tenue comme un associé envers les tiers de bonne foi agissant suivant cette croyance.*
>
> *La société n'est cependant obligée envers les tiers que si elle a elle-même donné à croire qu'une telle personne était un associé et qu'elle n'a pas pris de mesures pour prévenir l'erreur des tiers dans des circonstances qui la rendaient prévisible.*

Mise en situation (alinéa 1)

Claude Lafrance est une femme d'affaires qui a réussi dans le milieu de la restauration. Elle est propriétaire du fameux restaurant *Au bon délice*. Elle a deux fils, Jérimy et Anthonin. Il y a quelques mois, ceux-ci, voulant imiter leur mère, ont acheté un restaurant qu'ils exploitent en société en nom collectif, *Lafrance et Lafrance*. Anthonin et Jérimy, toutefois, n'ont pas le talent ni le sens des responsabilités de leur mère. Souvent, leurs clients se font répondre que le mets qu'ils désirent n'est pas disponible. En fait, Jérimy et Anthonin ont des problèmes avec leur principal fournisseur, *Fourniture de restaurant inc.* Ils sont les responsables de ces difficultés puisqu'ils oublient régulièrement de passer à temps les commandes pour maintenir leur inventaire. Le problème a atteint son point culminant hier lorsque *Fourniture de restaurant inc.* a avisé Jérimy et Anthonin qu'elle ne faisait plus affaire avec eux, exaspérée par leurs incessantes commandes d'urgence. De plus, Jérimy et Anthonin doivent se faire tirer l'oreille pour payer leurs comptes.

Claude est exaspérée par l'attitude de ses fils. Elle a tenté de leur inculquer le sens des responsabilités en discutant à plusieurs reprises avec eux, mais sans succès, hélas. Afin de sauver l'entreprise de ses fils, Claude a décidé de faire appel à un nouveau fournisseur, *Fourniture rapide inc.*, et de s'occuper elle-même des commandes. Claude et les représentants de *Fourniture rapide inc.* se connaissent de réputation. Claude passe donc régulièrement les commandes par téléphone et elle demande de facturer au nom de *Lafrance et Lafrance.* Elle n'a pas informé les représentants de *Fourniture rapide inc.* qu'elle ne faisait pas partie de cette société. Au contraire, au cours d'une conversation avec le président de cette entreprise, elle s'est rendu compte que celui-ci croyait qu'elle était associée à cause du nom de la société. Elle s'est alors empressée de changer de sujet. Elle ne voulait pas expliquer la situation parce qu'elle craignait que la réputation de Jérimy et Anthonin ne soit arrivée à la connaissance des représentants de *Fourniture rapide inc.* et qu'ils soient réticents à faire affaire avec eux.

Habituellement, *Fourniture rapide inc.* vérifie le crédit de ses clients avant de leur vendre à crédit. Toutefois, connaissant la bonne réputation de Claude, *Fourniture rapide inc.* a fait plusieurs livraisons à crédit au restaurant de Jérimy et d'Anthonin. Les factures étaient signées par Jérimy au moment des livraisons. Le restaurant cesse ses activités un peu plus tard, alors qu'un solde de 5 600 $ est dû à *Fourniture rapide inc.* Jérimy et Anthonin n'ont pas un sou. Seule Claude possède de l'argent.

Commentaire

Claude ne participe pas aux bénéfices découlant de l'exploitation du restaurant. Pour cette raison, elle ne peut être considérée comme l'associée de Jérimy et d'Anthonin. Par conséquent, *Fourniture rapide inc.* ne peut la poursuivre en vertu de l'article 2221. Les représentants de *Fourniture rapide inc.* peuvent cependant prétendre qu'ils ont accepté de vendre à crédit au restaurant parce qu'ils croyaient que Claude était une associée de *Lafrance et Lafrance.* Il est assez rare, en pratique, qu'un fournisseur ne connaisse pas le statut des personnes avec qui il fait affaire, à moins de négligence. Toutefois, il peut quand même arriver qu'il soit induit en erreur par les agissements de ces personnes. Dans le cas où une personne laisse croire qu'elle est associée, elle peut être poursuivie à ce titre. Cette règle a pour but de protéger les tiers qui n'ont pas été négligents et qui ont accepté de passer un contrat avec une société en se fiant sur la solvabilité d'une personne qu'ils croyaient associée.

Mise en situation (alinéa 2)

Paul est associé depuis cinq ans avec trois amis de la société *Leblanc informatique* qui vend et répare des ordinateurs. Les quatre associés travaillent à ce commerce tous les jours. Paul est spécialisé dans la réparation d'écrans. Les autres associés s'occupent de la vente et de la réparation des ordinateurs. Paul décide de quitter la société pour ouvrir son propre atelier de réparation d'écrans d'ordinateur. La séparation se fait en bons termes. D'ailleurs, les deux entreprises ne se font pas concurrence. Les associés de *Leblanc informatique* dirigent même vers l'entreprise de Paul leurs clients qui ont un problème avec leur écran, et Paul leur rend la pareille lorsque ses clients ont un problème avec leur ordinateur. En fait, il semble que peu de chose ait changé, à part le fait que Paul exerce ses activités dans un local différent.

Paul passe une commande d'écrans d'ordinateur et de pièces auprès de la compagnie *Ordi+ inc.*, comme il le faisait régulièrement lorsqu'il était associé de *Leblanc informatique.* Paul ne paye pas *Ordi+ inc.* et fait faillite un mois après l'ouverture de son entreprise. *Ordi+ inc.* veut poursuivre *Leblanc informatique* pour les sommes dues par Paul.

Commentaire

En vertu du deuxième alinéa de l'article 2222, la société *Leblanc informatique* devra payer *Ordi+ inc.* si elle lui a donné à croire que Paul était un associé au moment de ces achats et si elle n'a rien fait pour prévenir *Ordi+ inc.* que Paul n'était plus un associé. Dans le cas présent, *Ordi+ inc.* peut alléguer avec raison que *Leblanc informatique* a posé des actes qui lui ont fait croire que Paul était un associé. Effectivement, Paul a déjà été un associé de *Leblanc informatique* et posé des actes, des commandes notamment, au nom de la société. On peut présumer que cette dernière a toujours donné suite aux actes posés par Paul. Le fait pour la société d'assumer les obligations contractées par Paul, tel le paiement des commandes, donne à croire aux tiers que Paul est un associé.

Il ne semble pas que *Leblanc informatique* ait fait quelque chose pour prévenir l'erreur d'*Ordi+ inc. Leblanc informatique* aurait eu avantage à aviser par écrit ses fournisseurs habituels du départ de Paul et à faire paraître un avis dans les journaux. Généralement, les sociétés agissent de cette façon dans de telles circonstances. Dans notre cas, *Leblanc informatique* devra payer si *Ordi+ inc.* n'avait pas connaissance du retrait de Paul de la société. Après avoir payé *Ordi+ inc.*, *Leblanc informatique* possède un recours contre Paul pour être remboursé. Il s'agit du recours général de droit commun applicable toutes les fois qu'une personne subit un dommage causé par autrui.

ARTICLE 2230 ***

> *La société,* outre les causes de dissolution prévues par le contrat, *est dissoute par l'accomplissement de son objet ou l'impossibilité de l'accomplir,* ou, encore, du consentement de tous les associés. Elle peut aussi être dissoute par le tribunal, pour une cause légitime.
>
> On procède alors à la liquidation de la société.

Mise en situation

Legoconstruct inc. et *Structurex inc.* sont deux compagnies concurrentes dans le secteur de la construction. Il y a quelques mois, la Ville de Montréal a fait un appel d'offres pour la construction d'un nouveau stade olympique. *Legoconstruct inc.* est très intéressée par ce contrat et veut déposer une soumission. Elle sait que ses chances d'être choisie sont réduites du fait qu'elle ne possède pas les équipements nécessaires pour ériger un édifice de la hauteur du nouveau stade. *Structurex inc.*, qui possède de tels équipements, est également intéressée par l'appel d'offres de la Ville de Montréal. Toutefois, cette dernière compagnie ne possède pas toute l'expertise nécessaire pour construire le nouveau stade. En effet, les plans et devis du stade présentent une architecture très particulière. Par coïncidence, les architectes de *Legoconstruct inc.* maîtrisent ce type d'architecture. Les deux compagnies décident donc de s'unir pour ce seul projet et un contrat est passé à cette fin. Celui-ci spécifie notamment la façon dont seront répartis les profits éventuels. Il comporte également une clause stipulant que chacune des deux compagnies doit faire tout ce qui est en son possible pour obtenir le contrat. Une soumission est par la suite déposée. La Ville de Montréal informe *Legoconstruct inc.* et *Structurex inc.* que leur soumission n'a pas été retenue. Cette décision semble avoir été motivée par la capacité financière insuffisante des deux compagnies. D'ailleurs, la Ville n'a retenu aucune des soumissions déposées. Elle attend de nouvelles soumissions. *Legoconstruct inc.* se joint à une autre compagnie, *Superacier inc.*, pour déposer une autre soumission. *Superacier inc.* possède des liquidités importantes et le nouveau duo réussit à décrocher le contrat. *Structurex inc.* poursuit *Legoconstruct inc.* et réclame une partie des bénéfices découlant de ce contrat, alléguant, entre autres, que *Legoconstruct inc.* a manqué à son obligation de faire tout ce qui était en son possible pour que *Legoconstruct inc.* et *Structurex inc.* obtiennent le contrat[4].

---

4. Cette mise en situation est inspirée de l'arrêt *Consortium Inc.* c. *Groupe-Conseil G.B.G.M. Ltée*, J.E. 93-283 (C.A.).

Commentaire

Legoconstruct inc. et *Structurex inc.* ont formé une société dont l'objet était d'obtenir le contrat offert par la Ville de Montréal et de le réaliser. Ce type de société, appelé société momentanée d'entreprises ou plus communément *joint venture*, est relativement répandu. L'objet pour lequel les compagnies se sont associées est devenu impossible à accomplir au moment où la Ville de Montréal a refusé leur soumission. La société créée entre *Legoconstruct inc.* et *Structurex inc.* a donc pris fin à ce moment. La société n'existant plus, les deux compagnies n'avaient plus aucune obligation l'une envers l'autre et étaient redevenues des concurrentes. Par conséquent, *Structurex inc.* ne peut prétendre avoir droit aux profits qui seront réalisés par l'exécution du contrat avec la Ville de Montréal.

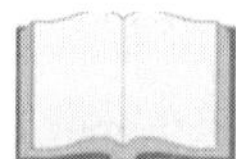

ARTICLE 2234 **

> *La dissolution de la société ne porte pas atteinte aux droits des tiers de bonne foi qui contractent subséquemment avec un associé ou un mandataire agissant pour le compte de la société.*

Voir la mise en situation et le commentaire sous l'article 2222, al. 2 du *Code civil*. Les règles concernant la protection accordée aux tiers en cas de fin de société sont semblables à celles applicables en cas de retrait d'un associé.

ARTICLE 2236 *

> *La société en commandite est constituée entre un ou plusieurs commandités, qui sont seuls autorisés à administrer la société et à l'obliger, et un ou plusieurs commanditaires qui sont tenus de fournir un apport au fonds commun de la société.*

Mise en situation

Les *Nordiques* sont une équipe de hockey professionnel implantée à Québec. Leur propriétaire est une importante compagnie américaine. Celle-ci songe à déménager l'équipe dans une grande ville des États-Unis. Un petit groupe de personnes de Québec qui désirent y conserver l'équipe songent à un moyen de l'acquérir. Le principal problème auquel ces personnes doivent faire face est de réunir la somme nécessaire. La meilleure solution au point de vue financier semble être de rechercher d'autres personnes prêtes à investir dans cette aventure. Il est important que ces derniers investisseurs ne puissent s'ingérer dans la gestion de l'équipe. De plus, le groupe d'éventuels acheteurs veut gérer l'équipe sans que leur poste de gestionnaire ne puisse être remis en question par les investisseurs. Ce petit groupe de personnes cherche donc la structure qui leur permettrait de réaliser leur souhait.

Commentaire

Les *Nordiques* de Québec sont effectivement une société en commandite. Ce type de société est le véhicule qui convient le mieux aux besoins de nos personnes. Les autres types de sociétés doivent être exclus parce que seule la société en commandite permet à ses gestionnaires de rechercher des investisseurs parmi le public (C.c.Q., art. 2237). Contrairement aux autres types de sociétés, la société en commandite favorise l'investissement en dégageant les associés commanditaires des pertes éventuelles de la société (C.c.Q., art. 2246). Le rôle de l'associé commanditaire est semblable à celui d'un actionnaire. Sa participation dans une société en commandite constitue un investissement ne lui donnant aucun droit dans la gestion de la société (C.c.Q., art. 2244). En fait, la société en commandite se rapproche beaucoup de la compagnie. Dans notre cas cependant, elle convient mieux que la compagnie. Les actionnaires possèdent certains pouvoirs dans la gestion de la compagnie. Notamment, les personnes qui gèrent la compagnie, les administrateurs, sont élues périodiquement par les actionnaires. Les personnes qui mettent le projet en marche n'ont donc pas la certitude de demeurer les administrateurs de leur compagnie s'ils ne possèdent pas un nombre suffisant d'actions. Les associés commanditaires, au contraire, ne possèdent pas ce pouvoir de désigner les personnes qui vont gérer la société. Les associés commandités sont nommés dans le contrat de société et peuvent demeurer en place jusqu'à la fin de la société. D'ailleurs, le pouvoir de gestion des associés commanditaires est inexistant ou presque.

ARTICLE 2241 **

> *Pendant la durée de la société, le commanditaire ne peut, de quelque manière, retirer une partie de son apport en biens au fonds commun, à moins d'obtenir le consentement de la majorité des autres associés et que suffisamment de biens subsistent, après ce retrait, pour acquitter les dettes de la société.*

Mise en situation

Immeubles Gingras est une société en commandite exploitant des immeubles à logements. Maurice St-Julien a investi une somme de 50 000 $ dans ce projet résidentiel à titre d'associé commanditaire, avec une vingtaine de personnes. Le reste du financement a été acquis auprès de la *Caisse de Notre-Dame.* Trois ans plus tard, le projet n'est toujours pas aussi rentable que prévu. Les immeubles sont évalués à 2 000 000 $. La société ne possède aucunes liquidités et doit toujours 1 990 000 $ à la caisse. Maurice ne croit plus au projet et veut se retirer. Le contrat de société qu'il a signé rend le droit au retrait conditionnel à un test comptable complexe. Selon ce test, Maurice peut récupérer seulement 15 000 $ pour le moment.

Commentaire

L'article 2241 a pour objectif de protéger les créanciers de la société. La loi impose un test de solvabilité uniquement pour le retrait de l'apport de l'associé commanditaire. Les associés commandités et les associés d'une société en nom collectif ou d'une société en participation peuvent retirer leur apport, peu importe que la société soit en mesure de payer ses créanciers ou non. La raison en est que ces personnes sont responsables des dettes de la société contractées au moment où elles étaient associées (C.c.Q., art. 2221 et 2254). En cas d'insolvabilité de la société causée par le retrait de l'apport d'un associé, les créanciers n'ont donc qu'à poursuivre cet associé personnellement. L'associé commanditaire n'est pas responsable des dettes de la société (C.c.Q., art. 2246). Par conséquent, l'apport retiré par l'associé commanditaire devient inaccessible aux créanciers de la société. Le test comptable prévu à l'article 2241 vise à protéger les créanciers dans ces situations.

Le montant que Maurice est autorisé à retirer en vertu de l'article 2241 est de 10 000 $. L'article 2241 est d'ordre public. La clause au contrat de société qui permet à Maurice de récupérer 15 000 $ n'est pas applicable. Il serait en effet trop facile de contourner la protection accordée aux créanciers de la société par l'article 2241 en incluant une simple clause dans le contrat de société. Le législateur ne permet pas ce moyen. Très souvent, les contrats de société en commandite comportent des clauses indiquant les conditions dans lesquelles un commanditaire peut retirer son apport. Toutefois, pour être valables, ces conditions doivent être plus restrictives que les dispositions de l'article 2241.

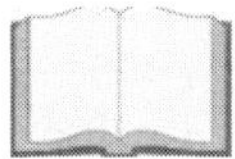

ARTICLE 2246 *

En cas d'insuffisance des biens de la société, chaque commandité est tenu solidairement des dettes de la société envers les tiers ; le commanditaire y est tenu jusqu'à concurrence de l'apport convenu, malgré toute cession de part dans le fonds commun.

Est sans effet la stipulation qui oblige le commanditaire à cautionner ou à assumer les dettes de la société au-delà de l'apport convenu.

Mise en situation

Louise, qui avait mis quelques sous de côté, a décidé d'investir une somme de 10 000 $ dans une société en commandite dans le domaine de l'exploration marine. Il y a six mois, elle a signé le contrat de société en tant que commanditaire et versé la somme de 5 000 $. Le solde de 5 000 $ est payable dans six mois. Le contrat de société stipule que les associés sont responsables solidairement des dettes de la société. Au total, dix associés commanditaires ont apporté 80 000 $ à la société. Jacques est le promoteur du projet et le seul associé commandité.

La société a besoin d'un prêt important. Jacques se rend donc à la banque afin de négocier un emprunt de 200 000 $ au nom de la société. Le prêt est émis. La société fait quelques remboursements mais éprouve rapidement des difficultés financières. Aujourd'hui, un solde de 180 000 $ est dû à la banque. Louise est inquiète et se demande si elle peut être poursuivie par la banque pour le remboursement du prêt.

Commentaire

Un des objectifs poursuivis par le législateur en créant la société en commandite est de permettre aux investisseurs d'investir dans la société tout en étant protégés. Le seul montant que l'associé commanditaire peut perdre est son apport à la société. La clause dans le contrat de société prévoyant une responsabilité plus étendue de Louise est sanctionnée par la nullité. Cette dernière règle est essentielle pour que la protection des commanditaires soit adéquate. En l'absence d'une telle règle, il serait à prévoir que tous les promoteurs incluent dans le contrat de société une clause selon laquelle les commanditaires sont responsables solidairement des dettes de la société. Ainsi, des promoteurs peu scrupuleux utiliseraient la société en commandite pour mettre sur pied des plans d'affaires plus ou moins sérieux. Ils convaincraient ensuite des investisseurs moins avertis de devenir commanditaires en leur promettant des bénéfices généreux. Ils pourraient ainsi facilement convaincre les institutions financières d'accorder des emprunts importants à la société, qu'ils utiliseraient ensuite pour s'accorder des avantages personnels (salaires démesurés, contrats accordés à des personnes liées, etc.). L'article 2246 ne permet pas un tel stratagème. Les créanciers de la société, telle la banque, doivent considérer seulement la capacité financière de la société et des commandités avant de prêter à la société.

Par conséquent, la responsabilité de Louise se limite à son apport. Elle ne pourra récupérer le montant déjà investi, soit 5 000 $. De plus, la banque peut exiger que Louise lui remette le solde de l'apport convenu, soit 5 000 $.

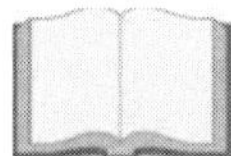

ARTICLE 2263 **

La fin du contrat de société ne porte pas atteinte aux droits des tiers de bonne foi qui contractent subséquemment avec un associé ou un autre mandataire de tous les associés.

Voir la mise en situation et le commentaire sous l'article 2222, alinéa 2, de cette partie. Les règles concernant la protection accordée aux tiers en cas de fin de société sont semblables à celles applicables en cas de retrait d'un associé.

COMPAGNIES

Code civil du Québec

ARTICLE 317 **

La personnalité juridique d'une personne morale ne peut être invoquée à l'encontre d'une personne de bonne foi, dès lors qu'on invoque cette personnalité pour masquer la fraude, l'abus de droit ou une contravention à une règle intéressant l'ordre public.

Mise en situation

Métaux industriels inc. est une entreprise de fabrication de produits d'acier qui possède un actif important. L'entreprise détient notamment toutes les actions de la compagnie *Minéraux de sol inc.* Cette dernière compagnie est propriétaire de terrains qu'elle loue à *Métaux industriels inc.* pour l'extraction des minéraux. Auparavant, ces terrains étaient la propriété de *Métaux industriels inc.* Pour plusieurs raisons, fiscales et administratives notamment, *Métaux industriels inc.* a décidé de créer une nouvelle compagnie, *Minéraux de sol inc.*, et de lui céder les terrains en échange de toutes les actions de cette compagnie. Les administrateurs de *Métaux industriels inc.* et de *Minéraux de sol inc.* sont les mêmes personnes, soit Fabien et Réjean Monet. De plus, les deux compagnies ont leur siège social à la même adresse.

Des travaux de déboisement et d'excavation sont nécessaires sur les terrains afin de faciliter le passage des camions. Réjean Monet fait appel à *Entrepreneur Jules Richard* pour ces travaux. Avant la signature du contrat, certains documents concernant les travaux en question sont expédiés à Jules Richard par Réjean Monet. Les documents portent le nom de *Métaux industriels inc.* Jules Richard croit donc que c'est la compagnie *Métaux industriels inc.* qui fait appel à ses services. De plus, il a vu une grosse enseigne portant le nom *Métaux industriels* devant les bureaux de la compagnie lorsqu'il s'est rendu aux locaux de cette dernière pour une réunion. En fait, Jules ne connaît même pas l'existence de la compagnie *Minéraux de sol inc.* Il s'était renseigné sur la solvabilité de *Métaux industriels inc.* seulement. Pourtant, le contrat pour les travaux porte le nom de *Minéraux de sol inc.* et non celui de *Métaux industriels inc.* Jules ne s'était même pas rendu compte de ce fait.

Jules Richard n'a pas été payé pour ses travaux. Il mandate un avocat pour entreprendre des poursuites. C'est ce dernier qui lui apprend que le contrat porte la signature de *Minéraux de sol inc.* et, comble de malheurs, que cette dernière est criblée de dettes. Il serait donc inutile de la poursuivre. Jules se demande s'il pourrait poursuivre *Métaux industriels inc.*, qui est beaucoup plus solvable.

Commentaire

Des structures financières comme celles utilisées par *Métaux industriels inc.* et *Minéraux de sol inc.* sont très fréquentes. Il n'est pas rare de voir deux ou plusieurs compagnies dont toutes les actions sont détenues par une même compagnie et qui sont toutes administrées par les mêmes personnes. Les personnes passant contrat avec ces compagnies doivent être prudentes parce que ces dernières sont légalement toutes des personnes différentes (C.c.Q., art. 309). Dans notre cas, ce principe de la personnalité distincte fait en sorte que Jules n'a de recours que contre *Minéraux de sol inc.*

Le voile corporatif peut être levé entre deux compagnies. La levée du voile corporatif est une exception au principe de la personnalité distincte de la compagnie. Jules Richard pourrait ainsi poursuivre *Métaux industriels inc.*, qui est la personne morale derrière *Minéraux de sol inc.* Le succès de son recours, qui est très difficile, dépendra des circonstances entourant la signature du contrat. Jules aura le fardeau de démontrer que Réjean a commis une fraude en posant des gestes précis pour l'induire en erreur sur l'identité de la compagnie avec laquelle il allait conclure un contrat. Jules ne pourra pas faire lever le voile corporatif si son erreur est due à sa propre négligence[5].

La levée du voile corporatif est parfois aussi autorisée contre la personne qui est l'administrateur et l'actionnaire unique d'une compagnie et qui incite d'autres personnes à passer des contrats avec cette dernière en faisant de fausses déclarations sur sa santé financière[6].

---

5. Voir les arrêts *Coffrages Industriels Crémazie Ltée* c. *Duval et Gilbert Inc.*, [1983] C.S. 536 ; *City of Toronto* c. *Famous Player's Canadian Corp. Ltd.*, (1936) 2 D.L.R. 129, [1936] R.C.S. 141 ; *Aluminium Co. of Canada Ltd.* c. *City of Toronto*, [1944] R.C.S. 267, pour d'autres cas de jurisprudence où le voile corporatif a été levé entre deux compagnies.
6. *Courchesne* c. *Zarate*, J.E. 92-534 (C.A.).

ARTICLE 328 **

Les actes des administrateurs ou des autres dirigeants ne peuvent être annulés pour le seul motif que ces derniers étaient inhabiles ou que leur désignation était irrégulière.

Dispositions équivalentes : L.s.a., art. 16(1), 18 et 116 ; L.c.Q., art. 123.31 ; C.c.Q., art. 2163

Mise en situation

Le gouvernement du Canada estime que la diffusion publique d'information sur documents papier est dispendieuse. Il procède à un appel d'offres afin de retenir les services d'une firme en informatique qui installera un réseau de registres informatiques sur lesquels des informations d'intérêt public seront diffusées.

Charlotte est ingénieure à l'emploi de *Prosoft inc.*, une compagnie spécialisée dans l'informatique et comptant soixante employés. Charlotte dépose une soumission au montant de 24 000 $ au nom de la compagnie afin d'obtenir le contrat. Selon les règlements de régie interne de *Prosoft inc.*, le mandat de Charlotte est justement d'estimer les coûts des travaux à effectuer et de faire des soumissions afin d'aller chercher des contrats. Cependant, les contrats dont le montant excède 30 000 $ doivent être autorisés par le conseil d'administration.

À la suite du dépôt des soumissions, le gouvernement apporte des corrections à ses devis pour y inclure des ajouts qui rendraient son système plus performant et demande aux soumissionnaires de déposer de nouvelles soumissions pour les travaux supplémentaires seulement. Charlotte estime que ces travaux coûteront 12 000 $ de plus et dépose une nouvelle soumission.

Prosoft inc. obtient le contrat. Cependant, ce n'est pas une bonne nouvelle puisque Charlotte avait commis des erreurs de calcul dans sa soumission, de sorte qu'il en coûterait plus cher à la compagnie de réaliser ce projet que les 36 000 $ estimés par Charlotte. Par conséquent, *Prosoft inc.* ne donne pas suite à la soumission déposée par Charlotte, alléguant que cette dernière a agi sans droit. Le gouvernement met en demeure *Prosoft inc.* d'exécuter le contrat au prix convenu ou de lui payer la somme de 5 000 $ pour les frais occasionnés par la non-exécution du contrat par *Prosoft*.

Commentaire

Le règlement interne de *Prosoft* est inopposable au Gouvernement du Canada. Par conséquent, le fait que Charlotte ait respecté ou non ce règlement n'est pas pertinent pour déterminer la validité de la soumission qu'elle a déposée. Charlotte est une dirigeante, et pour cette raison la soumission engage la compagnie. On applique ici la règle de l'*indoor management*. Évidemment, la réponse serait complètement différente si les personnes du gouvernement responsables de l'appel d'offres étaient au courant du règlement de *Prosoft* et du fait que Charlotte ne l'a pas respecté. Il faut être de bonne foi pour invoquer la règle de l'*indoor management*.

À part quelques nuances d'ordre intellectuel, la règle de l'*indoor management* et celle du mandat ont le même effet. Aussi, les règles relatives à la représentation de la compagnie ont des conséquences identiques à celles contenues au chapitre des sociétés étudiées plus tôt[7]. D'ailleurs, l'article 2163 (disposition relative au mandat applicable) et l'alinéa 2 de l'article 2222 du *Code civil* sont rédigés dans des termes similaires. L'objectif est le même : protéger les tiers de bonne foi[8].

Charlotte et *Prosoft inc.* régleront leur différend entre eux. Sur cette question, voir la mise en situation et le commentaire sous l'article 322 du *Code civil* dans la partie *Devoirs des administrateurs*.

---

7. *Supra*, p. 7.
8. Voir *Royal British Bank* c. *Turquand*, (1856) 6 E. & B. 327, (1843-60) ALL E.R. 435, et *Montreal and St. Lawrence Light & Power Co.* c. *Robert*, [1906] A.C. 196, pour d'autres exemples d'application de la règle de l'*indoor management*.

Loi sur les sociétés par actions

ARTICLE 121 *

Sous réserve des statuts, des règlements administratifs ou de toute convention unanime des actionnaires, *il est possible, au sein de la société* :

a *pour les administrateurs, de créer des postes de dirigeants*, d'y nommer des personnes pleinement capables, de préciser leurs fonctions et de leur déléguer le pouvoir de gérer les affaires tant commerciales qu'internes de la société, sauf les exceptions prévues au paragraphe 115(3) ;

Dispositions équivalentes : L.c.Q., art. 91(2) d). Voir aussi les articles 311 et 312 du *Code civil.*

Mise en situation

Logitech inc. est une compagnie nouvellement formée qui n'a pas encore commencé ses activités. La finalité poursuivie sera la fabrication de logiciels informatiques. Les actionnaires, qui sont trois compagnies spécialisées dans l'informatique, ont investi une somme de 600 000 $ qui est encore dans un compte bancaire au nom de *Logitech inc.* Huit personnes forment le conseil d'administration de *Logitech inc.* Les administrateurs se demandent si légalement ils ont l'obligation de se consulter toutes les fois que vient le temps de prendre des décisions, surtout les décisions moins importantes.

Commentaire

La gestion d'une compagnie peut comporter la prise de plus d'une centaine de décisions tous les jours. La plupart sont trop peu importantes pour que les administrateurs perdent du temps à se consulter pour chacune de ces décisions. Pourtant, la loi stipule que tous les actes concernant la gestion de la compagnie sont accomplis par le conseil d'administration et non par les administrateurs individuellement (C.c.Q., art. 311). Le législateur a adopté pour les compagnies une position contraire à celle adoptée pour les sociétés, où un associé peut poser seul un acte de gestion (C.c.Q., art. 2208, al. 2, et 2215).

Cela signifie que les administrateurs de la compagnie devraient se consulter et voter pour chaque décision à prendre, peu importe son importance. Les décisions sont alors prises sous forme de règlement ou de résolution. Ce mode de gestion est évidemment peu efficace. C'est pourquoi les administrateurs doivent, à leur première assemblée, adopter des règlements concernant la gestion de la compagnie. Ils nomment des dirigeants (fédéral) ou des officiers (provincial) à qui ils délèguent des tâches et des pouvoirs qui sont décrits dans les règlements. Les dirigeants ou les officiers peuvent être des administrateurs ou non.

Ces règlements adoptés, les dirigeants ou les officiers peuvent exécuter seuls les actes qui découlent des pouvoirs qui leur auront été expressément conférés. Les pouvoirs qui n'ont été délégués à aucun des officiers demeurent de la compétence du conseil d'administration. En général, les administrateurs ne délèguent pas les pouvoirs sur les questions qu'ils considèrent comme importantes, comme les emprunts bancaires ou l'embauche d'employés. Pour ces décisions, le conseil devra donc être consulté.

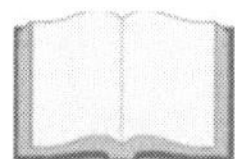

ARTICLE 239 **

(1) Sous réserve du paragraphe (2), *le plaignant peut demander au tribunal l'autorisation soit d'intenter une action au nom et pour le compte d'une société* ou de l'une de ses filiales, soit d'intervenir dans une action à laquelle est partie une telle personne morale, afin d'y mettre fin, de la poursuivre ou d'y présenter une défense pour le compte de cette personne morale.

(2) L'action ou l'intervention visées au paragraphe (1) ne sont recevables que si le tribunal est convaincu à la fois :

a) que le plaignant a donné avis de son intention de présenter la demande, dans un délai raisonnable, aux administrateurs de la société ou de sa filiale au cas où ils n'ont pas intenté l'action, n'y ont pas mis fin ou n'ont pas agi avec diligence au cours des procédures ;

b) que le plaignant agit de bonne foi ;

c) qu'il semble être de l'intérêt de la société ou de sa filiale d'intenter l'action, de la poursuivre, de présenter une défense ou d'y mettre fin.

Disposition équivalente : C.p.c., art. 33

Mise en situation

Electroplus inc. est une entreprise manufacturière de la rive sud à Montréal qui fabrique des aspirateurs. Il s'agit d'une compagnie incorporée sous la *Loi sur les sociétés par actions* et qui compte dix actionnaires. Bruno et Claude sont les actionnaires les plus importants, détenant chacun 40 % des actions ordinaires de la compagnie. Le reliquat de 20 % est partagé également entre les huit autres actionnaires. Bruno et Claude forment le conseil d'administration d'*Electroplus inc.* Ces deux derniers sont également dirigeants. Claude est directeur des ventes et Bruno est directeur de la production. Les règlements de la compagnie autorisent Claude et Bruno à passer seuls tous les contrats concernant la compagnie.

En début d'année, *Electroplus inc.* a retenu les services de *Chiffonpropre inc.* pour faire l'entretien ménager des bureaux de l'entreprise. La semaine dernière, un employé de *Chiffonpropre inc.* a endommagé un tapis de Perse dans la salle de réunion de la compagnie lorsqu'il a échappé un contenant de produits chimiques. Le tapis est une perte totale et il en coûterait 10 000 $ pour le remplacer. Après quelques conversations avec les dirigeants de *Chiffonpropre inc.*, Bruno et Claude ont compris que cette dernière compagnie n'avait pas l'intention de verser quelque dédommagement que ce soit. Néanmoins, ils croient qu'il est préférable de passer l'éponge et d'oublier cette mésaventure. En effet, *Chiffonpropre inc.* est également un client qui a déjà acheté un nombre important d'aspirateurs d'*Electroplus inc.* et qui prévoit même d'autres achats à court terme. Marguerite, une autre actionnaire, affirme que Bruno et Claude sont *trop gentils* pour être en affaires, que *Chiffonpropre inc.* effectue mal son travail et est un mauvais client qui paie ses achats en retard. D'ailleurs, elle a juré de prendre tous les moyens ou recours pour que *Chiffonpropre inc.* rembourse le tapis, et ce, avec ou sans l'accord de Claude et Bruno. Ces derniers veulent qu'aucune procédure ne soit entamée contre *Chiffonpropre inc.* afin de maintenir de bonnes relations d'affaires avec cette dernière.

Commentaire

Electroplus inc. a subi un dommage. En raison du principe de la personnalité distincte de la compagnie, seule *Electroplus inc.* est autorisée à engager des poursuites contre *Chiffonpropre inc.* En règle générale, une compagnie se manifeste à travers son conseil d'administration par résolution ou règlement. Dans notre cas, il est clair qu'*Electroplus inc.* n'adoptera pas de règlement ou de résolution prévoyant que la compagnie va poursuivre *Chiffonpropre inc.* puisque telle n'est pas la volonté de Bruno et Claude. Marguerite ne peut tenter un recours pour oppression comme le prévoit l'article 241 de la *Loi sur les sociétés par actions.* Le tapis appartenait à la compagnie, c'est donc cette dernière qui subit un préjudice. Le recours pour oppression n'est ouvert que si ce sont les intérêts du plaignant et non ceux de la compagnie qui sont lésés. De plus, le recours pour oppression n'est pas le recours approprié lorsque le but de l'actionnaire défavorisé est la poursuite en justice de personnes extérieures à la compagnie. Pour ces raisons, Marguerite devra avoir recours à l'action dérivée afin d'être autorisée à poursuivre *Chiffonpropre inc.* au nom de la compagnie.

Les chances de succès de Marguerite dans un tel recours sont très minces. L'article 239 indique que l'actionnaire doit démontrer qu'il est de bonne foi et qu'il serait à l'avantage de la compagnie, *Electroplus inc.* dans notre cas, d'intenter la poursuite. Bien que cela ne soit pas indiqué dans l'article 239, les tribunaux ont toujours exigé, en plus, la preuve de la mauvaise foi des administrateurs. Il n'y a aucune démonstration de mauvaise foi dans notre cas. Les administrateurs ont agi pour le bien de la compagnie. Ils seraient de mauvaise foi si, par exemple, eux-mêmes ou des personnes liées retiraient un avantage personnel du fait qu'il n'y ait pas de poursuites intentées. Ce pourrait être le cas s'ils étaient des actionnaires de *Chiffonpropre inc.*

Une telle interprétation des tribunaux est nécessaire. Les grandes compagnies cotées à la bourse, comme *Bell* ou *Microsoft*, comptent des milliers d'actionnaires. Le nombre de nos juges serait insuffisant si le rôle des tribunaux était de s'ingérer dans les affaires de la compagnie pour refaire le travail des administrateurs toutes les fois qu'un actionnaire est en désaccord avec la décision du conseil d'administration. Pour cette raison, les tribunaux n'interviennent que lorsqu'il apparaît clairement que la décision des administrateurs de poursuivre ou non est fondée sur des intérêts autres que ceux de la compagnie. Le recours en action dérivée pour les compagnies provinciales est accordé dans les mêmes conditions[9].

9. Voir *Lagacé* c. *Lagacé*, [1966] C.S. 489, pour un autre exemple de situation où l'action dérivée a été permise.

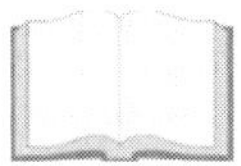

ARTICLE 241 **

(1) *Tout plaignant peut demander au tribunal de rendre les ordonnances visées au présent article.*

(2) *Le tribunal, saisi d'une demande visée au paragraphe (1), peut, par ordonnance, redresser la situation provoquée par la société ou l'une des personnes morales de son groupe qui, à son avis, abuse des droits des détenteurs de valeurs mobilières,* créanciers, administrateurs ou dirigeants, *ou porte atteinte à leurs intérêts ou n'en tient pas compte* :

a) soit en raison de son comportement ;

b) soit par la façon dont elle conduit ses affaires tant commerciales qu'internes ;

c) soit par la façon dont ses administrateurs exercent ou ont exercé leurs pouvoirs.

Disposition équivalente : C.p.c., art. 33

Mise en situation 1

Cliche et fils inc. est une entreprise de déneigement possédant une vingtaine d'années d'expérience. Au départ, c'était une entreprise individuelle dont tous les biens étaient possédés par Armand Cliche. Au fil des ans, l'entreprise a gagné en importance. Il y a une quinzaine d'années, Armand a incorporé l'entreprise en vertu de la *Loi sur les sociétés par actions.* Il a cédé tous les biens qui servaient à son exploitation en échange de 80 % des actions ordinaires de la compagnie. Le reliquat de 20 % des actions ordinaires est détenu en parts égales par les deux fils d'Armand. Ces deux fils et deux autres personnes sont aujourd'hui à l'emploi de la compagnie. Armand est le seul administrateur.

Il y a environ trois ans, Armand avait déposé une soumission au nom de l'entreprise auprès du ministère des Transports du Québec afin d'obtenir le contrat de déneigement d'une section de l'autoroute 40. Le contrat lui a été accordé. Afin d'exécuter ce contrat, l'entreprise devait faire l'acquisition de quatre camions, de deux souffleuses et de certains équipements. Ces achats représentaient une somme de 350 000 $. Un problème important se présentait alors puisque ni la compagnie, ni Armand, ni ses fils ne possédaient cette somme. Armand a alors convaincu son fortuné beau-frère, Marius, d'investir dans l'entreprise. Les négociations ont été ardues, mais Marius a finalement accepté d'investir 250 000 $ en retour d'actions de catégorie B. Selon les statuts de la compagnie, les actions de catégorie B sont des actions privilégiées donnant droit à un dividende préférentiel à 10 % ainsi qu'à un remboursement préférentiel. Ces actions ne donnent aucun droit au surplus de l'actif. Le reste de l'argent nécessaire à l'achat de la machinerie a été emprunté à la banque.

La compagnie a réalisé des profits substantiels depuis trois ans. Néanmoins, aucun dividende n'a été versé aux actionnaires. La majeure partie des profits demeure dans le compte bancaire de la compagnie, augmentant ainsi l'actif de la compagnie. Marius prétend qu'une partie des profits devrait être versée aux actionnaires et envisage d'entreprendre les moyens légaux pour mettre la main sur ces dividendes. Armand, quant à lui, prétend que la compagnie a besoin de cet argent pour prévenir les coups durs.

Commentaire

L'émission d'actions privilégiées comportant des droits identiques à ceux de la catégorie B de la compagnie *Cliche et fils inc.* est une solution courante lorsqu'une compagnie veut prendre de l'expansion et a besoin d'un investissement supplémentaire provenant de personnes étrangères à l'entreprise. Ces actions protègent relativement bien l'actionnaire qui les détient. Dans notre cas, le dividende préférentiel à 10 % a pour effet que les actionnaires ordinaires ne peuvent recevoir de dividendes avant qu'un dividende de 25 000 $ (10 % de 250 000 $) soit versé annuellement à Marius. Le remboursement préférentiel a pour effet que, au moment de la dissolution de la compagnie, les actionnaires ordinaires ne peuvent recevoir aucune somme avant que Marius récupère son investissement de 250 000 $.

La loi n'assure pas expressément aux actionnaires le versement de dividendes. La décision de verser des dividendes ou non est à la discrétion des administrateurs (L.s.a., art. 103), Armand dans notre cas. Par conséquent, la décision de celui-ci de ne pas verser de dividendes n'est pas illégale en soi. Puisque *Cliche et fils inc.* est une compagnie fédérale, Marius peut utiliser un recours en oppression. Il demandera au tribunal d'ordonner à la compagnie de verser un dividende. Pour réussir, Marius doit démontrer qu'il subit un préjudice en tant qu'actionnaire en ne recevant pas les dividendes attendus et que cette situation est injuste. Marius n'aura aucune difficulté à démontrer qu'il subit un préjudice. En effet, la décision d'Armand de conserver l'argent à la banque n'avantage que les actionnaires ordinaires dans cette situation.

La preuve que la conduite d'Armand est injuste sera plus difficile à établir. Il faut regarder notamment tous les faits entourant la situation financière de l'entreprise et les attentes raisonnables que Marius pouvait avoir à la suite des discussions qu'il avait eues avec Armand au moment de l'achat de ses actions. Les chances de succès de Marius dépendent de ces éléments. Par exemple, on pourrait croire que les chances de Marius sont bonnes s'il pouvait démontrer que la compagnie conserve dans son compte bancaire manifestement plus d'argent qu'elle n'en a besoin pour fonctionner.

À titre comparatif, les chances de succès de Marius seraient pratiquement nulles si *Cliche et fils inc.* était une compagnie constituée sous la *Loi sur les compagnies du Québec*. Dans cette hypothèse, Marius devrait utiliser l'action personnelle de droit commun ou le recours prévu à l'article 33 du *Code de procédure civile*. Peu importe le recours utilisé, il devrait démontrer que la conduite de la compagnie constitue un acte *ultra vires*, une fraude ou qu'il y a atteinte à ses droits personnels. La jurisprudence s'est montrée très sévère jusqu'à présent en ce qui concerne la preuve de ces éléments. Ainsi, Marius devrait faire la preuve d'une intention malveillante de la part d'Armand. Par exemple, il pourrait réussir dans son recours en démontrant que la conduite d'Armand n'a pour but que de le décourager afin qu'il lui vende ses actions à un prix inférieur à leur valeur[10].

Une augmentation des salaires ou l'octroi d'avantages supplémentaires aux administrateurs ou aux officiers devraient être analysés de la même façon. La loi n'interdit pas aux administrateurs de se voter des augmentations de salaire. Cependant, celles-ci doivent être raisonnables. Il faut examiner notamment la rentabilité de la compagnie pour déterminer si la conduite des administrateurs est appropriée. Dans tous les cas, le recours pour oppression pour les compagnies fédérales est toujours plus facile que l'action personnelle de droit commun ou le recours sous l'article 33 du *Code de procédure civile.*

Mise en situation 2

Jonathan, Wilfrid, Harold et Rosaire Thibault sont quatre frères actionnaires à 25 % chacun d'une compagnie de transport, *Transport Thibault inc.* Ces actions constituent l'héritage légué par leur père décédé. La compagnie, constituée sous la *Loi sur les compagnies du Québec*, effectue le transport du bois exclusivement. Elle transporte le bois coupé vers les moulins de la région de l'Estrie. Cette activité est très prospère. *Transport Thibault inc.* est propriétaire de trois camions, d'un garage et des équipements pour la maintenance des camions. Cet actif a une valeur approximative de 460 000 $. La compagnie a des dettes s'élevant à 75 000 $. Wilfrid, Harold et Rosaire sont les trois administrateurs et aussi employés de la compagnie. Ils conduisent les camions, s'occupent de leur maintenance et voient également aux affaires courantes de l'entreprise. Jonathan, pour sa part, a un emploi dans une banque et n'est consulté que pour les décisions importantes dans les affaires de la compagnie.

---

10. C'est ce qui était plaidé dans l'arrêt *Ferguson* c. *Innax Systems Corp.*, (1981) 12 B.L.R. 209, (1983) 43 O.R. (2d) 128.

Il y a quelques années, Wilfrid, Harold et Rosaire ont vu une occasion dans le transport de marchandises par camion vers le Mexique et les États-Unis. Jonathan n'était pas intéressé à investir dans cette aventure. Wilfrid, Harold et Rosaire ont formé une nouvelle compagnie, *Transport Thibault international inc.*, dont ils sont les uniques actionnaires et administrateurs. Les affaires de cette compagnie vont également bien. Il y a deux mois, Wilfrid, Harold et Rosaire ont, en tant qu'administrateurs, autorisé la vente par *Transport Thibault inc.* de tout son actif en faveur de *Transport Thibault international inc.*, pour la somme de 460 000 $. Jonathan n'est pas d'accord avec cette décision. Les activités de *Transport Thibault inc.* étant terminées, il prétend qu'il ne pourra plus recevoir les 12 000 $ de dividendes que la compagnie lui versait annuellement et veut prendre des mesures pour empêcher cette transaction.

Commentaire

Le but de cet exercice est encore de comparer les recours des actionnaires minoritaires d'une compagnie provinciale et ceux d'une compagnie fédérale. *Transport Thibault inc.* étant constituée sous la *Loi sur les compagnies du Québec*, Jonathan doit prendre une action personnelle de droit commun ou utiliser le recours sous l'article 33 du *Code de procédure civile*. Il doit alors démontrer qu'il y a fraude, acte *ultra vires* ou atteinte à ses droits personnels. Puisque l'actif a été vendu à sa juste valeur, il y a très peu de risques que les tribunaux qualifient cette situation de fraude, d'acte *ultra vires* ou d'atteinte aux droits personnels de l'actionnaire[11].

La constitution de *Transport Thibault inc.* sous la *Loi sur les sociétés par actions* permettrait à Jonathan d'utiliser le recours pour oppression prévu à l'article 241 afin d'empêcher la transaction. Alors, la vente

---

11. C'est notamment ce qui a été décidé par le tribunal dans l'affaire *Castello* v. *London General Omnibus Co. Ltd.*, (1912) 107 L.T. 575, où des faits identiques étaient constatés.

de l'actif à sa juste valeur ne suffirait pas pour légitimer la transaction. La preuve par Jonathan que la transaction n'est pas avantageuse pour *Transport Thibault inc.* justifierait l'intervention du tribunal. Wilfrid, Harold et Rosaire devraient alors expliquer pourquoi ils ont procédé à cette transaction. Ils devront démontrer que celle-ci est dans l'intérêt de la compagnie. Peut-être pourront-ils démontrer que *Transport Thibault inc.* avait été avisée par ses clients qu'ils n'avaient plus de contrat pour elle ou qu'une nouvelle concurrence ou une baisse des prix faisait en sorte que le transport de bois ne serait plus rentable dans les prochains mois. En l'absence de tels faits, le tribunal devrait intervenir afin d'empêcher l'éviction de Jonathan d'une compagnie prospère.

PUBLICITÉ LÉGALE DES ENTREPRISES

Loi sur la publicité légale des entreprises

ARTICLE 62 *

Les informations relatives à chaque assujetti font preuve de leur contenu en faveur des tiers de bonne foi à compter de la date où elles sont inscrites à l'état des informations. Les tiers peuvent contredire les informations contenues dans une déclaration par tous les moyens.

[Informations]

Ces informations sont les suivantes :

1° le nom de l'assujetti ;

2° tout autre nom qu'il utilise au Québec ;

3° la mention qu'il est une personne physique qui exploite une entreprise ou, le cas échéant, la forme juridique qu'il emprunte en précisant la loi en vertu de laquelle il est constitué ;

4° son domicile ;

5° le domicile qu'il élit aux fins de l'application de la présente loi avec mention du nom du destinataire ;

6° le nom et le domicile de chaque administrateur avec mention de la fonction qu'il occupe ;

7° le nom et le domicile du président, du secrétaire et du principal dirigeant, lorsqu'ils ne sont pas membres du conseil d'administration, avec mention des fonctions qu'ils occupent ;

8° le nom et l'adresse de son fondé de pouvoir ;

9° le nom, l'adresse et la qualité de la personne visée à l'article 5 ;

10° l'adresse des établissements qu'il possède au Québec en précisant celle du principal ;

11° la date à laquelle il prévoit cesser d'exister ;

12° le nom et le domicile de chaque associé avec mention qu'aucune autre personne ne fait partie de la société en distinguant, dans le cas d'une société en commandite, les commandités des commanditaires connus lors de la conclusion du contrat ;

13° l'objet poursuivi par la société ;

14° le nom de l'État où il a été constitué et la date de sa constitution ;

15° le nom de l'État où la fusion ou la scission dont la personne morale est issue s'est réalisée, la date de cette fusion ou scission ainsi que le nom, le domicile et le matricule de toute personne morale partie à cette modification ;

16° la date de sa continuation ou de toute autre transformation.

[Restriction]

L'assujetti dont l'immatriculation a été radiée d'office ne peut mettre en question les informations visées au premier alinéa et contenues à l'état des informations.

Mise en situation

Roland Paquette est depuis 1986 l'unique propriétaire du bar *Le Crapaud* situé sur la rue Commerciale à Saint-Clin. Il a déposé une déclaration d'immatriculation pour cette entreprise conformément à la L.p.l.e. Roland a trois employés, dont Lucie qui gère l'établissement. Cette dernière s'occupe de presque tout, y compris des commandes auprès des fournisseurs. Le 15 de chaque mois, Roland fait la comptabilité du bar. Il examine les factures laissées par les fournisseurs et les paye au moyen de chèques à son nom tirés sur son compte bancaire. *Bières drôles inc.* est son fournisseur le plus important.

Roland vend son commerce à son bon ami Cédrique Côté. Selon leur entente, Cédrique a le droit d'exploiter le bar sous le nom *Le Crapaud.* Sous la propriété de Cédrique, le bar est géré par Lucie, de façon identique au temps où Roland était propriétaire. Roland omet de faire radier la déclaration d'immatriculation qu'il avait déposée pour son entreprise.

Le 15 du mois suivant, Cédrique néglige de payer *Bières drôles inc.*, comme le faisait Roland. Le 25 du même mois, Jacques, le représentant de *Bières drôles inc.* pour le territoire de Saint-Clin, téléphone au bar pour parler à Roland du solde impayé de 12 000 $. C'est à ce moment que Lucie l'informe que Roland n'est plus propriétaire du bar. Elle dit à Jacques qu'il n'a pas à s'inquiéter, le retard dans le paiement étant dû au fait que Cédrique est à l'extérieur de la ville, mais il sera de retour durant la semaine pour régler son solde.

Satisfait de cet entretien téléphonique, Jacques ne voit pas la nécessité d'interrompre les livraisons. Celles-ci continuent, de sorte qu'un solde de 18 000 $ est maintenant dû à *Bières drôles inc.* Cette dernière compagnie songe à entreprendre tous les recours pour récupérer son dû.

Commentaire

Roland a négligé de faire radier la déclaration d'immatriculation, comme l'obligeait l'article 45 de la L.p.l.e. Cette omission est sanctionnée par la responsabilité envers les tiers de bonne foi des dettes contractées ultérieurement par l'entreprise (L.p.l.e., art. 62). *Bières drôles inc.* a donc un recours contre Roland, mais pour la somme de 12 000 $ seulement. En effet, *Bières drôles inc.* est devenue de mauvaise foi au moment où Jacques a pris connaissance du fait que Roland n'était plus le propriétaire. Jacques a accepté de vendre à crédit pour 6 000 $ tout en sachant ce fait ; il n'y a alors aucune raison qu'il ait un recours contre Roland pour cette somme.

Un des objectifs poursuivis par le législateur en adoptant l'article 62 est de protéger les tiers qui font affaire avec une entreprise contre les changements à l'intérieur de l'entreprise effectués à l'insu du tiers et qui peuvent influer sur la solvabilité de l'entreprise. En effet, il est fort possible que la solvabilité de Roland soit la seule raison pour laquelle *Bières drôles inc.* a accepté de faire crédit au bar *Le Crapaud*. Le fait pour Roland de céder son entreprise à une personne moins solvable sans rendre public ce changement risquerait de causer préjudice à certaines personnes, *Bières drôles inc.* dans le cas présent. Néanmoins, lorsque le tiers prend connaissance du changement, il n'y a plus de raison de protéger ce tiers.

Évidemment, *Bières drôles inc.* a également la possibilité de poursuivre Cédrique pour la somme de 18 000 $. Le tiers, ici *Bières drôles inc.*, peut toujours contredire le contenu des informations contenues au registre et faire la preuve que Cédrique était le propriétaire de l'entreprise au moment du contrat et que c'est lui qui a contracté la dette. Le recours de *Bières drôles inc.* contre Cédrique serait fondé sur le contrat qui la lie à celui-ci. Ce dernier a contracté cette dette. Il est normal qu'il en soit responsable.

Bières drôles inc. possède donc deux recours pour récupérer le solde de 12 000 $. Elle choisira probablement la personne la plus solvable. Si Roland était poursuivi et qu'il payait, il aurait un recours contre Cédrique pour être remboursé. Néanmoins, il y a de grands risques que ce recours soit illusoire. Si *Bières drôles inc.* n'a pas poursuivi Cédrique en premier lieu, c'est probablement parce que ce dernier est insolvable.

Les situations plausibles où l'article 62 peut s'appliquer sont la vente d'une entreprise individuelle, comme dans le cas présent, ou le départ d'un associé d'une société. Le vendeur d'une entreprise qui a déposé une déclaration d'immatriculation et l'associé se retirant d'une société ont donc avantage à maintenir le registre à jour en produisant les documents pertinents.

PROTECTION DE L'ENTREPRISE

Code civil du Québec

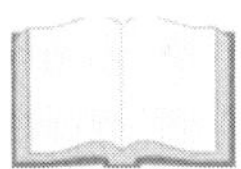

ARTICLE 1612. *

Le salarié, outre qu'il est tenu d'exécuter son travail avec prudence et diligence, *doit* agir avec loyauté et *ne pas faire usage de l'information à caractère confidentiel qu'il obtient dans l'exécution ou à l'occasion de son travail.*

Ces obligations survivent pendant un délai raisonnable après cessation du contrat, et survivent en tout temps lorsque l'information réfère à la réputation et à la vie privée d'autrui.

Mise en situation

Pierre-Paul Gingras agit à titre de représentant des ventes de *Dutalent inc.* depuis plus de dix ans. Cette entreprise comptant une centaine d'employés est spécialisée dans la fabrication de convoyeurs et d'autres équipements pour les manufactures. Les panneaux de commande équipant les convoyeurs ne sont pas fabriqués par *Dutalent inc.* Ils sont achetés d'une compagnie américaine, qui s'occupe également de leur réparation et de leur entretien.

Il y a quelques mois, la direction de *Dutalent inc.* a commencé à étudier l'opportunité d'élargir ses activités à la fabrication, à la réparation et à l'entretien de panneaux de commande pour convoyeurs et autres équipements. Aucune entreprise québécoise ne travaille dans ce domaine pour le moment. Une réunion d'une durée de trente minutes a lieu toutes les semaines afin de discuter de cette idée. Les dirigeants, les représentants et les ingénieurs participent régulièrement à ces réunions. La direction a demandé à tous ses autres employés de parler entre eux de ce projet et de lui communiquer leurs idées.

Tout récemment, Pierre-Paul a volontairement quitté son emploi pour aller travailler chez *Convoyeurs d'expérience*, une entreprise concurrente. Aucune clause de non-concurrence ou clause de confidentialité n'avait été signée par Pierre-Paul en faveur de *Dutalent inc. Convoyeurs d'expérience* entreprend la fabrication de panneaux de commande et utilise plusieurs idées communiquées pendant les réunions chez *Dutalent inc.* Pierre-Paul a communiqué ces informations. En fait, Pierre-Paul avait plus d'informations que tous les autres. Outre qu'il assistait aux réunions et parlait régulièrement avec tous les employés, il connaissait les besoins dans ce domaine puisque son emploi l'amenait à visiter les clients de l'entreprise. *Dutalent inc.* veut savoir si elle possède des recours contre Pierre-Paul et *Convoyeurs d'expérience.*

Commentaire

Pierre-Paul a le droit de travailler pour une entreprise concurrente de *Dutalent inc.* Il n'a pas signé de clause de non-concurrence ; le principe de la libre concurrence s'applique donc. La question de savoir si Pierre-Paul avait le droit de communiquer et d'utiliser les renseignements qu'il possédait sur le projet de fabrication de panneaux de commande est différente.

Aucune clause de confidentialité n'a été signée par Pierre-Paul. Pour juger si Pierre-Paul et *Convoyeurs d'expérience* ont commis une faute, il faut déterminer si les informations communiquées peuvent être qualifiées de confidentielles. Seules les informations qui sont qualifiées de confidentielles sont protégées. Les autres informations peuvent être utilisées par tous à leur guise[12].

---

12. Font exception à cette règle les employés qui occupent un poste stratégique dans l'entreprise durant leur emploi ; *Positron Inc.* c. *Desroches et al.*, [1988] R.J.Q. 1636 (C.S.).

Parmi les conditions requises pour que l'information soit protégée, il est nécessaire que l'information ait été divulguée dans des circonstances où la confidentialité était une exigence implicite[13]. Il semble que *Dutalent inc.* n'a pas pris de mesures pour garder secrètes les informations utilisées par Pierre-Paul. Celles-ci étaient accessibles à tous les employés. Pour qu'une information soit considérée comme confidentielle, il faut que la direction restreigne le nombre de personnes pouvant avoir accès à cette information. En général, un secret commercial est une information dont seuls les membres de la haute direction ont connaissance. Exceptionnellement, certains employés auront accès à une information confidentielle si elle est nécessaire à l'accomplissement de leur travail. Dans ce cas, la direction doit indiquer clairement à ces employés qu'ils doivent garder secrète cette information. Les informations divulguées par Pierre-Paul n'ont pas reçu ce traitement.

De plus, Pierre-Paul n'occupait pas un poste élevé dans la hiérarchie de l'entreprise. Il a utilisé les connaissances générales qu'il a acquises dans l'exercice de ses fonctions, et non des informations confidentielles. *Dutalent inc.* n'a donc aucun recours.

---

13. *International Corona Resources Ltd.* c. *Lac Minerals Ltd.*, [1989] 2 R.C.S. 574. Voir aussi N. Lacasse, *Droit de l'entreprise*, 3e éd., Québec, Narval, 1988, p. 189.

Loi sur les marques de commerce

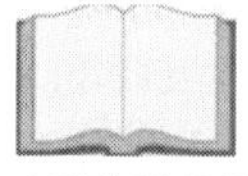

ARTICLE 7 *

Nul ne peut :

a) faire une déclaration fausse ou trompeuse tendant à discréditer l'entreprise, les marchandises ou les services d'un concurrent ;

b) *appeler l'attention du public sur ses marchandises, ses services ou son entreprise de manière à causer ou à vraisemblablement causer de la confusion au Canada, lorsqu'il a commencé à y appeler ainsi l'attention, entre ses marchandises, ses services ou son entreprise et ceux d'un autre ;*

c) faire passer d'autres marchandises ou services pour ceux qui sont commandés ou demandés ;

d) utiliser, en liaison avec des marchandises ou services, une désignation qui est fausse sous un rapport essentiel et de nature à tromper le public en ce qui regarde :

(i) soit leurs caractéristiques, leur qualité, quantité ou composition,

(ii) soit leur origine géographique,

(iii) soit leur mode de fabrication, de production ou d'exécution ;

e) faire un autre acte ou adopter une autre méthode d'affaires contraire aux honnêtes usages industriels ou commerciaux ayant cours au Canada.

Mise en situation

Pic est une entreprise qui fabrique des stylos. Il y a deux ans, elle créait un nouveau stylo, *L'écrivain*, d'une grande qualité et peu dispendieux. C'est le stylo le plus vendu au Québec, seul endroit où il est offert pour le moment. Pourtant, *Pic* n'a rien fait pour protéger l'appellation *L'écrivain*. *Super-stylo*, une entreprise concurrente, a mis sur le marché un nouveau stylo qu'il a désigné du même nom, *L'écrivain*. De plus, la forme et les couleurs de ce nouveau stylo sont très similaires à celles du stylo mis sur le marché par *Pic*. *Pic* considère qu'elle a perdu 23 000 $ de bénéfices depuis la mise en marché par *Super-stylo* de son nouveau produit. Les dirigeants de *Pic* se demandent si les agissements de *Super-stylo* sont légaux.

Commentaire

Puisque *L'écrivain* est un succès, il peut être tentant pour les concurrents de confondre le consommateur en utilisant un nom semblable ou identique. Cependant, l'appellation *L'écrivain* est une marque de commerce protégée puisqu'elle est connue du public. *Super-stylo* ne peut donc utiliser ce nom (L.m.c., art. 7b).

L'enregistrement d'une marque de commerce procure certains avantages. Elle facilite notamment la preuve de l'appropriation de la marque et de la durée de son utilisation. De plus, l'enregistrement est la seule façon de protéger la marque là où elle n'est pas connue. Ainsi, *Pic* aurait avantage à enregistrer la marque *L'écrivain* si elle compte vendre le stylo sous la même appellation dans les autres provinces. Néanmoins, la marque n'a pas à être enregistrée pour être protégée. *Pic* devrait donc poursuivre *Super-stylo*. Elle demandera une injonction afin que *Super-stylo* cesse d'utiliser le nom *L'écrivain*. Elle demandera également des dommages-intérêts pour le manque à gagner de 23 000 $.

RELATIONS DE TRAVAIL

Code civil du Québec

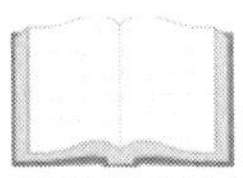

ARTICLE 2085 ***

> *Le contrat de travail est celui par lequel une personne, le salarié, s'oblige, pour un temps limité et moyennant rémunération, à effectuer un travail sous la direction ou le contrôle d'une autre personne, l'employeur.*

Mise en situation

Jérôme vient de terminer sa formation de camionneur et cherche du travail. Il prend connaissance dans le journal qu'*Irving*, une importante compagnie pétrolière, est à la recherche de travailleurs autonomes pour faire la livraison de produits pétroliers. *Irving* précise que les personnes intéressées ne possédant pas de camion peuvent en acheter un de la compagnie, avec le financement de cette dernière.

Jérôme rencontre des représentants d'*Irving*. Plusieurs points sont discutés au cours de cette rencontre. Entre autres, Jérôme manifeste son inquiétude concernant le fait qu'il n'a pas de formation pour gérer une entreprise. Les dirigeants d'*Irving* le rassurent et lui expliquent comment il doit procéder pour facturer les clients, tenir la comptabilité, etc. On l'informe en outre qu'il devra remettre périodiquement des rapports à *Irving*. Par conséquent, il recevrait des directives si quelque chose n'allait pas. Une liste des prix des produits lui est également remise.

Jérôme accepte et signe un contrat intitulé *contrat de travailleur autonome*, en vertu duquel il se voit attribuer l'exclusivité du territoire de la partie ouest de la rive sud près de Montréal pour la vente de produits *Irving*. Il signe aussi un contrat d'achat pour le camion qui est relativement avantageux. On lui remet également un uniforme qu'il doit porter.

Les affaires de Jérôme vont bien jusqu'au jour où *Irving* décide de mettre fin au contrat sans préavis. Jérôme se demande si la *Loi sur les normes du travail* lui accorde une certaine protection[14].

Commentaire

La *Loi sur les normes du travail* s'applique seulement s'il y a un contrat de travail entre un employeur et un salarié (L.n.t., art. 1(7°) et (10°). Dans notre cas, le contrat passé entre Jérôme et *Irving* est soit un contrat de travail, soit un contrat d'entreprise. La loi ne reconnaît pas le statut de travailleur autonome. Il s'agit d'une réalité encore trop récente pour être définie par le législateur.

Par conséquent, il faut examiner les dispositions pertinentes pour qualifier le contrat. La définition du contrat de travail est donnée à l'article 2085 du *Code civil*. Le contrat d'entreprise, quant à lui, est défini dans les articles 2098 et 2099. L'étude de ces dispositions fait ressortir deux grandes ressemblances entre le contrat de travail et le contrat d'entreprise. Dans les deux cas, une personne effectue un travail et une autre paie pour celui-ci. C'est la présence ou non d'un lien de subordination entre ces personnes qui qualifie le contrat et distingue le contrat de travail du contrat d'entreprise.

Le lien de subordination est défini comme le pouvoir de gérance de l'employeur sur l'employé. Les critères suivants ont été dégagés par la jurisprudence pour déterminer la présence ou non d'un lien de subordination :

---

14. Cette mise en situation est inspirée de l'arrêt *Les Pétroles inc.* c. *Syndicat international des travailleurs des industries pétrolières, chimiques et atomiques*, (1979) T.T. 209.

- **présence obligatoire à un lieu de travail ;**
- **assignation régulière de tâches ;**
- **imposition de règles de conduite ;**
- **exigence de rapports d'activité ;**
- **contrôle de la quantité ou de la qualité du travail ;**
- **dépendance économique.**

Dans notre cas, les faits paraissent démontrer qu'il y a véritablement un lien de subordination entre Jérôme et *Irving*. Cette dernière impose plusieurs règles de conduite à Jérôme et exige de lui des rapports dans le but probable de vérifier la quantité et la qualité de son travail. De plus, Jérôme est dépendant économiquement d'*Irving* puisque ses seuls revenus découlent de son entente avec cette compagnie. À titre d'exemple, on pourrait considérer Jérôme comme indépendant économiquement s'il avait passé des contrats avec plusieurs pétrolières ; dans cette situation, la fin du contrat avec une pétrolière ne met pas nécessairement fin à son travail. Le contrat passé entre Jérôme et *Irving* est donc qualifié de contrat de travail et Jérôme peut exiger l'application de la *Loi sur les normes du travail.*

Il peut être beaucoup plus avantageux pour une entreprise de faire exécuter certaines tâches par des entrepreneurs indépendants que d'engager du personnel. En effet, la relation employeur-salarié peut être contraignante pour l'employeur. Ce dernier risque, notamment, de voir l'arrivée d'un syndicat et doit composer avec diverses lois sociales (*Loi sur les normes du travail*, *Code du travail* et *Code canadien du travail*, notamment) qui visent à protéger le salarié. Ces diverses lois ne s'appliquent évidemment pas au contrat d'entreprise. Cela explique l'intérêt des grandes entreprises à faire affaire avec des travailleurs autonomes puisque le travailleur autonome est qualifié juridiquement d'entreprise individuelle lorsqu'il a le libre choix des moyens d'exécution du travail.

Cet intérêt est si grand qu'il arrive que des entreprises tentent de faire passer des contrats de travail pour des contrats d'entreprise. Selon la jurisprudence, la dénomination donnée au contrat par les parties n'est pas pertinente. Le seul élément à considérer est la présence ou non du lien de subordination. Si celui-ci est présent, le contrat doit être considéré comme un contrat de travail.

ARTICLE 2088 **

> *Le salarié,* outre qu'il est tenu d'exécuter son travail avec prudence et diligence, *doit agir avec loyauté* et ne pas faire usage de l'information à caractère confidentiel qu'il obtient dans l'exécution ou à l'occasion de son travail.
>
> Ces obligations survivent pendant un délai raisonnable après cessation du contrat, et survivent en tout temps lorsque l'information réfère à la réputation et à la vie privée d'autrui.

Mise en situation

Yves Grenier et Uldéric Lecompte sont deux ingénieurs au service d'*Érospace inc.*, une compagnie spécialisée dans l'exploration géophysique et la cartographie aérienne. Leur tâche consiste notamment à obtenir et à négocier des contrats pour la compagnie. Ils sont ainsi amenés à négocier au nom de la compagnie un important contrat avec le gouvernement de la Guyane. L'instabilité politique qui règne dans le pays force ce gouvernement à mettre le projet sur la glace. Les pourparlers reprennent une fois la crise terminée. C'est à ce moment que Grenier et Lecompte quittent leur emploi chez *Érospace inc.*, forment leur propre compagnie et réussissent à convaincre le gouvernement de la Guyane d'accorder le contrat à leur nouvelle entreprise au détriment d'*Érospace inc.* Cette dernière se demande si elle possède des recours contre Grenier et Lecompte[15].

---

15. Cette mise en situation est inspirée de l'arrêt *Canadian Aero Services Ltd.* c. *O'Malley*, [1974] R.C.S. 592.

Commentaire

Le devoir de loyauté qui lie l'employé lui interdit de faire concurrence à son employeur. Cette obligation de non-concurrence ne subsiste que pendant la durée du contrat d'emploi. À moins qu'il ait souscrit à une clause de non-concurrence, l'employé redevient libre une fois la relation entre les parties terminée. C'est l'application du principe de la liberté de commerce. En principe, rien n'empêche Grenier et Lecompte de créer leur propre entreprise et de tenter de convaincre les clients d'*Érospace inc.* de faire affaire avec eux. Il n'est pas rare de rencontrer ce genre de situation.

Pourtant, Grenier et Lecompte ont commis une faute. Les employés qui ne sont plus au service d'un employeur peuvent poser des actes pour concurrencer leur ancienne entreprise, mais ces actes ne peuvent prendre place au moment où ils sont encore à l'emploi de cette entreprise. Grenier et Lecompte n'ont pas respecté cette obligation. Il faut distinguer les situations où l'obtention d'un contrat découle des démarches entreprises pendant la durée de l'emploi de celles où ces démarches sont effectuées après la fin de l'emploi.

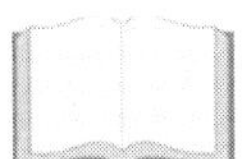

ARTICLE 2091 **

Chacune des parties à un contrat à durée indéterminée peut y mettre fin en donnant à l'autre un délai de congé.

Le délai de congé doit être raisonnable et tenir compte, notamment, de la nature de l'emploi, des circonstances particulières dans lesquelles il s'exerce et de la durée de la prestation de travail.

Dispositions liées : L.n.t, art. 82 et 124 ; C.c.t., art. 230

Mise en situation 1

Céline travaille dans une importante entreprise d'exploitation forestière. Aucun terme n'a été prévu à son contrat au moment de son engagement et elle travaille dans cette entreprise depuis maintenant vingt-cinq ans, en contrepartie d'un salaire annuel de 52 000 $. Céline est technicienne en comptabilité et ses fonctions consistent surtout à faire la paie des employés.

L'entreprise est en restructuration et plusieurs postes sont abolis. Des mauvaises conditions économiques justifient cette mesure. Jacqueline, l'employeure de Céline, l'avise qu'elle est remerciée et que son emploi prendra fin dans une semaine. Céline se demande si Jacqueline peut la congédier avec un préavis aussi court et si elle peut réclamer des dommages-intérêts de l'entreprise ou être réintégrée dans son emploi.

Commentaire

Jacqueline a commis une faute en ne donnant pas un préavis de licenciement suffisamment long à Céline. Il aurait dû être d'au moins huit semaines en vertu de l'article 82 de la *Loi sur les normes du travail.* Néanmoins, cela ne signifie pas que Céline n'a droit qu'à un préavis de huit semaines. Elle peut également invoquer l'article 2091 du *Code civil* qui prévoit un préavis raisonnable. Il est difficile d'établir avec précision ce qui constituerait un préavis raisonnable dans notre cas, puisque nous ne connaissons pas toutes les conditions entourant l'emploi de Céline[16]. On peut cependant affirmer que ce préavis devrait

16. À titre d'exemple, il a été décidé dans *Columbia Builders Supplies Co.* c. *Bartlett,* [1967] B.R. 111, qu'un préavis de trois mois était raisonnable pour un employé qui comptait quatre mois de service dans l'entreprise, considérant notamment la nature importante de son emploi, le fait qu'il avait quitté un emploi bien rémunéré pour occuper son nouvel emploi et le fait qu'il a été congédié sans cause juste et suffisante.

facilement dépasser les huit semaines prévues à l'article 82 de la *Loi sur les normes du travail*, considérant les vingt-cinq années de service de Céline dans l'entreprise. L'employé a droit à la méthode de calcul du préavis qui est la plus avantageuse pour lui. Dans notre cas, Céline fondera sûrement son recours sur l'article 2091 du *Code civil.*

Puisqu'elle n'a pas donné à Céline un préavis suffisant, l'entreprise devra lui verser une indemnité représentant son salaire normalement gagné pendant la période du préavis qu'elle était en droit de recevoir, diminué du salaire gagné pendant la période du préavis qu'elle a effectivement reçu. À titre d'exemple, considérant que le salaire hebdomadaire de Céline est de 1 000 $, si le tribunal détermine que le préavis raisonnable dans son cas est de seize semaines, Céline obtiendrait de l'entreprise 15 000 $ ((16 x 1 000 $) – 1 000 $).

L'employé a toujours droit à un préavis de congédiement, peu importe si la cause du renvoi est juste et suffisante. La seule exception à cette règle est lorsque l'employé a commis une faute grave (motif sérieux) (C.c.Q., art. 2094). Il est aussi important de retenir que la question du préavis est complètement indépendante de celle de la réintégration dans l'emploi, qui est traitée à l'article 124 de la *Loi sur les normes du travail* et à l'article 240 du *Code canadien du travail.* Le salarié congédié sans préavis et sans cause juste et suffisante peut réclamer une indemnité à cause du défaut de préavis, en plus de sa réintégration et du salaire perdu entre le congédiement et le moment de la réintégration (L.n.t., art. 128 ; C.c.t., art. 258). Dans notre exemple, Céline ne peut demander la réintégration dans son emploi. La coupure d'un poste à la suite d'une réorganisation administrative est qualifiée de cause juste et suffisante de renvoi.

Mise en situation 2

Richard travaille pour le *Trust Loyal.* Il occupe un poste important au siège social de la compagnie en contrepartie d'un salaire annuel de 150 000 $. La compagnie envisage une réorganisation administrative. Selon la nouvelle structure, Richard serait transféré dans une succursale pour y occuper le poste de directeur. La compagnie décide de procéder à la réorganisation et informe Richard que son transfert aura lieu dans un mois. On lui explique brièvement les nouvelles tâches qu'il aura à accomplir et les conditions attachées à son nouveau poste. Richard constate que ce nouveau poste comporte moins de responsabilités que sa fonction actuelle. En ce qui a trait à la rémunération, un directeur de succursale gagne un salaire de base de 110 000 $, avec une possibilité de bonus basée sur la performance de la succursale. L'examen de la rémunération du directeur actuel de cette succursale révèle que ce dernier a reçu des bonus d'environ 40 000 $ annuellement. Néanmoins, Richard considère ce transfert comme une rétrogradation et préfère quitter la compagnie.

Commentaire

Sommes-nous en présence d'un congédiement ou d'une démission ? Cette question est importante. Évidemment, l'employeur a l'obligation de donner un préavis en cas de congédiement et non en cas de démission. La réponse à notre question déterminera donc si le *Trust Loyal* avait l'obligation de donner un préavis à Richard. Dans un cas de jurisprudence présentant des faits presque identiques, le salarié alléguait que son transfert constituait un congédiement déguisé et que son employeur aurait dû lui remettre un préavis d'au moins une année. Le tribunal a donné raison à ce salarié et lui a accordé des dommages-intérêts équivalant à une année de salaire, en vertu de l'article 2091 du *Code civil.* Selon la jurisprudence, **une modification importante des conditions de travail à la baisse constitue un congédiement déguisé**. La bonne ou la mauvaise foi de l'employeur n'est pas pertinente. Évidemment, une démission obtenue au moyen de subterfuges de l'employeur, par exemple par le harcèlement, sera considérée également comme un congédiement déguisé[17]. Cette intervention des tribu-

---

17. *S.S.Q. c. Robitaille,* [1989] R.R.A. 397 (C.A.) ; *Ross* c. *Hawker Siddeley Canada Inc.,* [1988] R.L. 228 (C.A.).

naux est nécessaire. Autrement, il serait à craindre que des employeurs peu scrupuleux désirant se départir d'un employé cherchent à le contraindre de démissionner dans le but de se soustraire à leur obligation d'émettre un préavis.

Aussi, substituer à un salaire fixe une rémunération conditionnelle à l'accomplissement d'objectifs financiers constitue une modification à la baisse des conditions de travail, même s'il est probable que la rémunération soit équivalente en bout de ligne. Le succès d'une entreprise n'est jamais assuré, et la perte de la certitude d'un salaire assuré peut constituer un désagrément pour un employé. Par conséquent, les entreprises qui procèdent à des réaffectations de personnel doivent être prudentes et annoncer suffisamment à l'avance aux employés concernés leur transfert.

ARTICLE 2094 *

Une partie peut, pour un motif sérieux, résilier unilatéralement et sans préavis le contrat de travail.

Dispositions liées : L.n.t., art. 82 et 124 ; C.c.t., art. 230 et 240

Mise en situation

Dominique Menier est superviseur dans une compagnie de location de voitures. Odina, une employée qui compte deux ans de service dans cette entreprise, ne s'est pas présentée au travail hier. Elle n'a fourni aucune explication valable de son absence. C'est la deuxième fois depuis son embauche qu'Odina agit de la sorte. La première fois remonte à deux mois. Menier en a assez d'Odina qui, selon lui, n'est pas la plus efficace au travail. Il n'a jamais pris de sanction à son endroit auparavant, ni donné d'avertissement, mais il considère qu'elle a dépassé les limites avec sa dernière absence. Il veut donc lui annoncer son congédiement dès demain.

Commentaire

L'absence d'Odina constitue un manquement à son contrat de travail. Elle commet une faute et peut être sanctionnée pour celle-ci (C.c.Q., art. 2085 et 2088). Néanmoins, pour qu'Odina puisse être congédiée dès demain, il faut que sa faute constitue un motif sérieux. Ce point sera difficile à démontrer puisque l'entreprise n'a jamais pris de mesure disciplinaire contre Odina et ne lui a jamais demandé de corriger son comportement. L'entreprise aurait eu avantage à prendre de telles mesures et à constituer un dossier écrit qui aurait servi de preuve. N'ayant pas de motif sérieux de congédiement, l'entreprise devra donner un préavis à Odina pour la congédier (C.c.Q., art. 2091 ; L.n.t., art. 82). Celle-ci n'ayant que deux ans de service dans l'entreprise, l'employeur n'aura pas l'obligation de justifier le congédiement selon l'article 124 de la *Loi sur les normes du travail.*

Loi sur les normes du travail

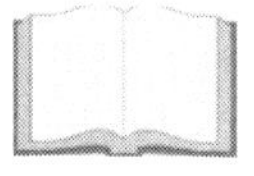

ARTICLE 3 *

La présente loi ne s'applique pas :

...

(6) ...à un cadre supérieur...

Dispositions liées : L.n.t., art. 124 ; C.c.t., art. 240

Mise en situation

Monsieur Marchand est directeur du service des ventes chez *Pie IX Dodge-Chrysler Inc.*, un concessionnaire d'automobiles. Soixante-cinq personnes sont à l'emploi de la compagnie dont les actionnaires majoritaires sont messieurs Venne et Leclair, qui détiennent chacun 42,5 % des actions. Venne agit comme directeur général et Leclair, comme président. Ils sont les deux seuls administrateurs de la compagnie. Monsieur Marchand possède 5 % des actions. Le directeur du service des pièces et le directeur du service des réparations détiennent aussi chacun 5 % des actions. Après Venne et Leclair, ces deux directeurs et Marchand sont les employés clés de la compagnie. Quinze employés travaillent sous la direction de Marchand. Il n'y a aucun autre lien hiérarchique entre ces employés.

Les responsabilités de Marchand se limitent au service des ventes. Elles comprennent l'engagement, la formation, la supervision et le congédiement du personnel de son service. Marchand fixe également les salaires et les bonis, le prix des voitures neuves, gère les achats de voitures neuves et les campagnes publicitaires. Toutefois, Marchand agit généralement à l'intérieur des paramètres qui ont préalablement été discutés entre lui et Venne ou consulte celui-ci avant de prendre une décision qui déborde ces paramètres. En fait, ces paramètres sont les grandes orientations établies par Venne et Leclair. Marchand gagne un salaire annuel de 120 000 $. Les deux autres directeurs ont une rémunération et des responsabilités similaires à celles de Marchand dans leur service respectif.

Marchand est congédié. Il considère qu'il n'y a pas de cause juste et suffisante de renvoi et dépose une plainte conformément à l'article 124 de la *Loi sur les normes du travail.* L'employeur prétend que Marchand n'est pas protégé par cette loi et que, par conséquent, il n'a pas à motiver le congédiement[18].

Commentaire

Seul le salarié protégé par la *Loi sur les normes du travail* a droit à une cause juste et suffisante de congédiement. L'employeur a donc raison si Marchand est qualifié de « cadre supérieur », d'où l'importance de définir cette notion. La loi étant muette sur ce point, il faut recourir à la jurisprudence. Selon celle-ci, le cadre supérieur est celui qui exerce des fonctions de haute direction. Les tribunaux distinguent le cadre supérieur du cadre moyen et du cadre inférieur[19]. Le cadre supérieur participe à la planification stratégique de l'entreprise et est chargé de sa mise en application.

Dans notre cas, Marchand peut certainement être considéré comme un cadre. Il est le seul cadre du service des ventes. Néanmoins, Marchand ne prend que les décisions courantes ou quotidiennes. Il

---

18. Cette mise en situation est inspirée de l'arrêt *Pie IX Dodge-Chrysler inc.* c. *Marchand*, [1998] R.J.Q. 2382 (C.S.).
19. Voir notamment *Brisson et 9027-4580 Québec inc.*, [1997] C.T. 452.

semble que ce soient Venne et Leclair qui prennent les décisions relatives aux orientations et aux grandes stratégies. Venne explique ces décisions aux trois directeurs de service qui doivent manœuvrer à l'intérieur de ces balises. Ces derniers n'ont pas d'influence réelle sur ces décisions. Le statut de cadre supérieur serait plutôt réservé à Venne et à Leclair dans cette affaire. D'ailleurs, cela est conforme à la tendance générale selon laquelle le cadre supérieur relève directement du conseil d'administration. Dans les entreprises de cette taille, les cadres supérieurs sont généralement le président et le vice-président.

La détermination des cadres supérieurs est toujours une question de faits. La taille de l'entreprise est le critère le plus déterminant. Dans les grandes entreprises, il est impossible que la direction soit physiquement et matériellement assumée par une seule personne. Il s'opère alors un fractionnement de l'exercice de l'autorité et il s'installe divers niveaux hiérarchiques et des cadres supérieurs.

Dans une petite entreprise, au contraire, il n'y a généralement qu'un seul patron, souvent le propriétaire lui-même ou encore le principal actionnaire. Ce dernier exerce toutes les fonctions de direction et dirige les affaires de l'entreprise. Il n'y a pas de cadres supérieurs dans une telle entreprise, puisque leur présence implique nécessairement celle de cadres inférieurs ou intermédiaires sous leur responsabilité.

Code du travail

ARTICLE 45 ***

L'aliénation ou la concession totale ou partielle d'une entreprise autrement que par vente en justice n'invalide aucune accréditation accordée en vertu du présent code, aucune convention collective, ni aucune procédure en vue de l'obtention d'une accréditation ou de la conclusion ou de l'exécution d'une convention collective.

Sans égard à la division, à la fusion ou au changement de structure juridique de l'entreprise, le nouvel employeur est lié par l'accréditation ou la convention collective comme s'il y était nommé et devient par le fait même partie à toute procédure s'y rapportant, aux lieu et place de l'employeur précédent.

Disposition liée : C.c.t., art. 46

Mise en situation

Métro-Richelieu est une entreprise qui exploite une chaîne d'alimentation. Elle possède quelques entrepôts, dont un à Montréal, à partir desquels elle organise l'expédition des marchandises vers les magasins. Environ trois cents magasins sont desservis par l'entrepôt de Montréal. Cent quarante chauffeurs à l'emploi de *Métro-Richelieu* et utilisant les camions de l'entreprise sont affectés au transport des marchandises. Ces chauffeurs sont syndiqués et régis par une convention collective.

La direction de *Métro-Richelieu* trouve trop élevés les coûts associés à l'exploitation du service d'expédition des marchandises. Elle décide de faire accomplir ce travail par des entreprises spécialisées dans le transport. *Métro-Richelieu* signe alors des contrats de sous-traitance avec trois entreprises de transport auxquelles elle vend ses camions et s'engage à faire appel à leurs services pour une période de cinq ans. En même temps, l'entreprise avise tous ses chauffeurs qu'ils seront licenciés. Le syndicat prétend qu'il est toujours accrédité malgré le transfert et que les employeurs des entreprises de transport sont liés par la convention collective en vigueur[20].

Commentaire

L'application de l'article 45 du *Code du travail* a pour conséquence que l'accréditation et la convention collective ne sont pas rattachées à l'employeur mais liées à l'entreprise. Peu de dispositions ont été la source d'autant de controverses, de commentaires et de discussions que cet article. Les enjeux économiques considérables découlant de l'application de cette règle expliquent en partie l'intensité du débat. En effet, l'intérêt que peut avoir l'acquéreur éventuel d'une entreprise ou un sous-traitant peut être grandement diminué s'il doit respecter les conditions prévues dans la convention collective signée par le cédant. Cela signifie, à toutes fins utiles, que les salariés de l'entreprise deviendront ses employés et qu'ils devront bénéficier des mêmes conditions de travail qui s'appliquaient avant le transfert.

Dans notre cas, il y a une concession partielle de l'entreprise. L'article 45 s'applique puisqu'un nouvel employeur est créé par la transmission d'une entreprise et que les travaux transférés sont couverts par une accréditation et une convention collective. Il y a chez les entreprises de transport des éléments de l'entreprise originaire suffisamment

---

20. Cette mise en situation est inspirée de l'affaire *Syndicat des travailleuses et travailleurs d'épiciers unis Métro-Richelieu* c. *Lefebvre*, [1996] R.J.Q. 1509 (C.A.), bien que les questions de droit dans cette affaire ne soient pas les mêmes.

significatifs pour affirmer qu'il s'agit de la même entreprise. Les entreprises de transport n'acquièrent pas seulement des camions et de l'équipement. Elles acquièrent également un achalandage en signant les contrats de transport avec *Métro-Richelieu.* D'ailleurs, l'objectif et les fonctions poursuivis par les sous-traitants convergent avec ceux de *Métro-Richelieu* : transporter les marchandises de *Métro-Richelieu* de l'entrepôt vers les magasins.

L'article 45 ne trouverait pas application en cas de vente d'actif seulement. Cela aurait été le cas si les parties n'avaient pas passé de contrat sur le transport de marchandises.

De plus, le transport des marchandises en provenance de l'entrepôt de Montréal s'avère une activité suffisamment importante pour constituer à elle seule une entreprise autonome et viable économiquement. Même si elle est accessoire, cette activité est essentielle à la poursuite de l'objectif visé par *Métro-Richelieu.* Selon un certain courant jurisprudentiel, bien que minoritaires, ces conditions sont primordiales à l'application de l'article 45[21]. Ainsi, l'octroi d'un contrat qui ne porte qu'une atteinte superficielle à l'entreprise initiale ne serait pas régi par l'article 45. On pense ici, notamment, aux contrats d'entretien ménager ou aux contrats de service alimentaire dans les établissements scolaires[22].

---

21. *Fort-Net Inc.* c. *Tribunal du travail,* [1992] R.J.Q., 445 (C.S.) ; *Cégep du Vieux-Montréal* c. *Ménard,* [1992] R.J.Q., 1603 (C.S.) ; *Commission scolaire Ancienne-Lorette* c. *Auclair,* D.T.E. 92T-1269 (C.S.).

22. Voir Robert P. Gagnon, *Le droit du travail du Québec,* 4e éd., Éditions Yvon Blais, Cowansville, 1999, p. 332 et suiv.

DEVOIRS DES ADMINISTRATEURS

Pour la commodité de la lecture, les prochaines pages ne traiteront que des devoirs des administrateurs. Il faut cependant savoir que les officiers et les dirigeants sont soumis aux mêmes devoirs que les administrateurs (L.s.a., art. 122). Les officiers et les dirigeants exercent les pouvoirs des administrateurs qui leur ont été délégués par ces derniers. Il est donc normal qu'ils aient les mêmes responsabilités. Le lecteur est prié de faire les adaptations nécessaires.

Code civil du Québec

ARTICLE 322 **

L'administrateur doit agir avec prudence et diligence.

Il doit aussi agir avec honnêteté et loyauté dans l'intérêt de la personne morale.

Disposition équivalente : L.s.a., art. 122

Mise en situation 1 (alinéa 1)

Omer Bilodeau travaille pour une importante compagnie d'articles de sport, *Atomex inc.* Celle-ci est constituée sous la *Loi sur les compagnies du Québec* et se spécialise dans la fabrication de skis et de planches à neige. Omer est directeur de la production et gagne un salaire de 85 000 $. Une de ses fonctions consiste à choisir les motifs, les graphiques ou les dessins ornant les planches à neige. Cette tâche est déterminante pour l'entreprise puisque le succès d'une planche à neige est directement lié à son aspect visuel. Il y a quelques mois, *Atomex inc.* mettait sur le marché la planche *Snowhill*, qui se vend très bien. Le dessin de la *Snowhill* avait été approuvé par Omer.

Atomex inc. est poursuivie devant les tribunaux par un concurrent, *Sorrignol inc.* Cette dernière allègue qu'*Atomex inc.* a mis sur le marché une planche à neige dont le dessin est identique à celui d'une planche qu'elle vend depuis deux ans déjà. *Sorrignol inc.* a gain de cause. *Atomex inc.* doit donc lui rembourser 45 000 $ pour le préjudice subi, en plus de devoir retirer ses planches *Snowhill* du marché, ce qui représente une perte supplémentaire de 37 000 $.

Interrogé par les autres membres du conseil d'administration d'*Atomex inc.*, Omer explique qu'il savait, au moment de la fabrication de la *Snowhill*, que cette dernière ressemblait à une planche fabriquée par *Sorrignol inc.* Mais il croyait que les deux planches étaient suffisamment différentes pour éviter les procédures judiciaires. Omer craint qu'*Atomex inc.* lui demande de rembourser la perte de 82 000 $ qu'elle a essuyée par sa faute.

Commentaire

En principe, les administrateurs ne sont pas responsables des actes qu'ils accomplissent dans l'exercice de leurs fonctions (C.c.Q., art. 309 et 321 ; L.c.Q., art. 123.83). Néanmoins, Omer a des devoirs de prudence et de diligence en tant qu'officier. Par conséquent, l'administrateur imprudent ou manquant de diligence peut engager sa responsabilité et devoir indemniser la compagnie pour les pertes causées par sa négligence. On peut argumenter qu'Omer aurait démontré une plus grande prudence en prenant conseil auprès d'une personne indépendante et qualifiée afin de s'assurer que la *Snowhill* était suffisamment différente de la planche mise sur le marché par *Sorrignol inc.*

Jusqu'à quel point les administrateurs doivent-ils être diligents et prudents pour éviter d'engager leur responsabilité ? C'est la question qu'il faut se poser ici. Selon la jurisprudence, les administrateurs ne sont sanctionnés pour leur faute qu'en cas de faute lourde se rapprochant de la fraude[23]. Dans *Turquand* c. *Marshall*[24], où la conduite des administrateurs était remise en question, le tribunal affirmait que la compagnie n'a qu'à s'en prendre à elle-même si elle a fait confiance à des gens si peu sages. La conduite des administrateurs, si ridicule ou absurde soit-elle, n'engage pas leur responsabilité selon l'opinion du tribunal. Il faut plutôt une faute caractérisée pour que celle-ci soit engagée.

Il est évident, dans notre cas, qu'Omer n'a pas commis une telle faute et n'a pas à indemniser son employeur pour les pertes subies.

Mise en situation 2 (alinéa 1)

Monique Fradet est administratrice et est la seule personne autorisée à signer les chèques tirés sur le compte de la compagnie. Un employé lui demande de signer un chèque affirmant que le chèque servira à payer un fournisseur. Monique signe sans avoir vérifié si la compagnie devait de l'argent au bénéficiaire du chèque et sans aucune autre vérification. L'employé disparaît avec l'argent du chèque. La preuve

---

23. *In re Brazilian Rubber Plantations and Estates Ltd.*, (1911) 1 Ch. 425 (C.A.) ; *Thérien* c. *Brodie*, (1893) 4 C.S. 23.
24. [1869] L.R. Ch. App. 376.

que Monique a retiré des profits de cette fraude ou qu'elle avait connaissance de l'intention frauduleuse de l'employé au moment où elle a signé le chèque ne peut être établie.

Commentaire

Le défaut par Monique de vérifier si de l'argent est dû par la compagnie au présumé fournisseur constitue certainement un manque de prudence. Toutefois, les tribunaux ont jugé que cette négligence ne constituait pas une faute lourde engageant l'administrateur à rembourser la compagnie[25].

Les cas où un administrateur est tenu responsable à cause de son manque de diligence sont très rares. Le manque de sévérité des tribunaux envers la conduite des administrateurs peut même sembler surprenant. À l'heure actuelle, il semble que la seule sanction pour les administrateurs négligents soit le chômage. Il faut souligner que les décisions établissant les critères en ce qui concerne la responsabilité des administrateurs sont anciennes. À cette époque, les administrateurs n'avaient souvent aucune formation. Au fil des ans, les tribunaux ont suivi cette jurisprudence. Peut-être auront-ils l'occasion, au cours des prochaines années, d'adopter une vue nouvelle en ce qui a trait aux devoirs de diligence et de prudence des administrateurs.

On remarque aussi que les administrateurs non sanctionnés par les tribunaux pour leur manque de prudence dans leur fonction de gestionnaire étaient de bonne foi. Ceux qui ont fait preuve d'une conduite malhonnête, abusive ou qui ont commis des fautes dans le but de retirer des profits doivent indemniser les personnes qui ont subi un dommage à la suite de leur conduite[26].

---

25. *Rainskill* c. *Edwards*, (1885) 31 Ch. D. 100 ; *Land Credit of Ireland* c. *Fermoy*, (1869) L.R. 8.
26. *Ciné 360 inc.* c. *Ciné Agence du Québec (1976) inc.*, C.S., Montréal, n° 500-05-010280-871, le 21 décembre 1994.

Mise en situation 3 (alinéa 2)

Air Ontario est une compagnie de transport aérien. Ses actions sont toutes détenues par les membres de la famille Wilson. Les principaux dirigeants d'*Air Ontario* sont également des membres de la famille Wilson, dont Jhon qui est le président.

Air Ontario a besoin de financement. La compagnie doit faire l'acquisition de plusieurs nouveaux appareils pour conserver sa place sur le marché. *Air Canada*, qui est plus ou moins un concurrent d'*Air Ontario*, lui propose d'injecter une somme importante dans la compagnie en retour d'actions. Les dirigeants des deux compagnies en viennent à une entente. Selon cette dernière, la compagnie *Air Ontario* est dorénavant possédée par deux actionnaires. *Air Canada* possède 60 % des actions d'*Air Ontario*. Les autres actions sont détenues par *Holding inc.* Cette dernière compagnie a été créée par les membres de la famille Wilson pour détenir leurs actions dans *Air Ontario*. Une convention entre les deux actionnaires est également signée. Selon cette convention, la compagnie *Air Ontario* est administrée par dix personnes, dont quatre sont nommées par *Holding inc.* et les six autres par *Air Canada*. De plus, Jhon Wilson demeure le président d'*Air Ontario* pour une période de six ans. Ce mandat peut être renouvelé à la discrétion des administrateurs d'*Air Ontario*.

Peu de temps s'écoule avant que les relations entre la famille Wilson et les administrateurs d'*Air Ontario* nommés par *Air Canada* se détériorent. Les premiers accusent les seconds d'agir dans l'intérêt d'*Air Canada* et non dans celui d'*Air Ontario*. La preuve démontre que quatre des personnes nommées par *Air Canada* pour agir comme administrateurs d'*Air Ontario* siègent également au conseil d'administration d'*Air Canada*. Il apparaît également que ces derniers ont laissé sous-entendre qu'ils ne voteraient pas pour Jhon Wilson comme prochain président de la compagnie, mais pour Gary Clark, un employé d'*Air Canada*[27].

---

27. Cette mise en situation est inspirée de l'arrêt *Deluce Holdins Inc.* c. *Air Canada*, (1993) 8 B.L.R. (2d) 294. Voir également *Bergeron* c. *Ringuet*, [1958] B.R. 222 ; *Spicer* c. *Volkswagen Canada Ltd.*, [1978] N.S.R. (2d) 496.

Commentaire

Les ententes passées entre compagnies qui ont des intérêts divergents, comme celle liant *Air Ontario* et *Air Canada*, sont fréquentes. Pour arriver à leurs fins, *Air Ontario* et *Air Canada* auraient pu aussi créer une nouvelle compagnie qui aurait exploité l'entreprise anciennement gérée par *Air Ontario. Air Ontario* et *Air Canada* auraient alors également été les actionnaires de cette nouvelle compagnie. Ce scénario appelé *joint venture* (co-entreprise) est fréquemment utilisé.

Dans les deux hypothèses, une compagnie se trouve administrée par des personnes qui n'ont pas toutes les mêmes intérêts. Rien n'est illégal à cela. De plus, rien n'interdit à une personne d'être administrateur de deux compagnies différentes, voire concurrentes. Toutefois, les décisions prises par les administrateurs doivent toujours être dans l'intérêt de la compagnie pour laquelle ils agissent. Dans notre cas, les administrateurs d'*Air Ontario* doivent favoriser le patrimoine d'*Air Ontario* et non celui d'autres personnes, comme la compagnie mère, ni celui des actionnaires qui les ont nommés, ni même celui de la totalité des actionnaires.

La difficulté pour les membres de la famille Wilson, ici, sera de prouver que les administrateurs nommés par *Air Canada* n'agissent pas dans le meilleur intérêt d'*Air Ontario* en ne votant pas pour le renouvellement du mandat de Jhon Wilson[28].

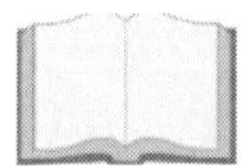

ARTICLE 323 **

L'administrateur ne peut confondre les biens de la personne morale avec les siens ; il ne peut utiliser, à son profit ou au profit d'un tiers, les biens de la personne morale ou l'information qu'il obtient en raison de ses fonctions, à moins qu'il ne soit autorisé à le faire par les membres de la personne morale.

Disposition liée : C.c.Q., art. 326

---

28. *Supra*, p. 49, pour les recours qui pourraient être entrepris.

Mise en situation

Jérome et Clarence Stumborg sont actionnaires, administrateurs et agissent comme officiers dans une importante compagnie de développement immobilier, *Abbey Glen Property Corporation.* Dans le cadre de leurs fonctions, les Stumborg entreprennent des pourparlers avec les dirigeants d'une autre compagnie, *Traders Finance Corporation Ltd.*, pour leur proposer de participer à certains développements immobiliers projetés par *Abbey Glen Property Corporation.* Mais *Traders Finance Corporation* avise les Stumborg qu'elle n'est pas intéressée à participer aux projets proposés. Toutefois, elle se montre très intéressée à lotir certains terrains appartenant personnellement aux Stumborg. Une entente intervient entre les Stumborg et *Traders Finance Corporation.* Les Stumborg avisent *Abbey Glen Property Corporation* de ce contrat et proposent de verser à la compagnie tous les bénéfices éventuels de ce projet en retour d'honoraires de gestion. *Abbey Glen Property Corporation* accepte et un contrat est signé.

Un peu plus tard, les Stumborg se départissent de leurs actions d'*Abbey Glen Property Corporation,* démissionnent de leur poste d'administrateur et d'officier et cessent de remettre les profits réalisés par leurs opérations avec *Traders Finance Corporation. Abbey Glen Property Corporation* considère que les Stumborg doivent continuer de leur verser ces profits malgré qu'ils ne soient plus administrateurs[29].

Commentaire

Les administrateurs d'une compagnie ont des devoirs fiduciaires envers celle-ci. Cela signifie qu'ils doivent lui remettre tous les gains personnels qui découlent directement ou indirectement de leur

29. Ces faits sont tirés de l'affaire *Abbey Glen. Property Corporation* c. *Stumborg,* (1979) 4 B.L.R. 113.

position dans la compagnie. Les Stumborg ont pris connaissance de cette occasion d'affaires du fait de leur poste chez *Abbey Glen Property Corporation.* Pour cette raison, ils doivent verser à celle-ci tous les profits déjà réalisés et ceux qu'ils réaliseront dans le futur, qui découlent des informations obtenues grâce à leur poste d'administrateur. Leur démission, leur bonne foi ou le fait que la compagnie a renoncé à l'occasion ne les dispensent pas de cette obligation[30]. À plusieurs reprises, des administrateurs les mieux intentionnés ont eu à remettre à la compagnie les profits découlant de transactions qui pouvaient être reliées aux affaires de l'entreprise. Les administrateurs qui ont acheté l'actif ou les actions de leur compagnie en difficulté financière pour les revendre avec profit ont été particulièrement sanctionnés[31]. Les administrateurs ont donc avantage, avant de participer à de telles transactions, à obtenir de la compagnie (administrateurs et actionnaires) une renonciation écrite aux profits qu'ils pourraient réaliser.

Voir également la mise en situation et le commentaire sous l'article 2088 dans la partie *Relations de travail.*

---

30. *Regal (Hastings) Ltd.* c. *Gulliver,* [1942] All E.R. 378. Le résumé des faits de cette cause est exposé dans N. Lacasse, p. 210.
31. Voir *Weber Feeds Ltd.* c. *Weber,* (1978) 3 B.L.R. 107 (Ont. S.C.), (1980) 8 B.L.R. 71 (Ont. C.A.) ; *Aurum Geological Consultants Inc.* c. *Basaba Enterprises Inc.,* (1992) 11 W.C.D. 254 (1115-001) (B.C. S.C.) ; *Levy-Russel Ltd.* c. *Tecmotic Inc.,* (1994) 54 C.P.R. (3d) 161.

FINANCEMENT

Code civil du Québec

ARTICLE 1514 **

Le débiteur perd le bénéfice du terme s'il devient insolvable, est déclaré failli, ou diminue, par son fait et sans le consentement du créancier, les sûretés qu'il a consenties à ce dernier.

Il perd aussi le bénéfice du terme s'il fait défaut de respecter les conditions en considération desquelles ce bénéfice lui avait été accordé.

Mise en situation

Tommy Hilfiger Inc. a un débiteur, *Eaton Co. Limited,* qui lui doit une somme d'environ 370 000 $ pour des marchandises vendues et livrées. Selon les termes du contrat liant les parties, *Eaton Co. Limited* doit remettre à *Tommy Hilfiger Inc.* 10 000 $ le 1er de chaque mois jusqu'à ce que la dette soit entièrement remboursée. *Eaton Co. Limited* n'a jamais manqué à ses versements. Néanmoins, elle a plusieurs autres créanciers, dont *Les vêtements Ralph Lauren ltée,* qui ont été négligés. *Eaton* doit une somme de 580 000 $ à cette dernière entreprise et elle devait lui en remettre une partie importante il y a un mois, ce qu'elle n'a pas fait. La raison en est que *Eaton* a beaucoup plus de passif que d'actif et ne peut plus payer ses créanciers selon les échéances prévues. *Les vêtements Ralph Lauren ltée* a pris action contre *Eaton* afin de faire saisir ses biens et de les faire vendre pour recouvrer sa créance. Le juge lui a donné raison et tous les biens d'*Eaton* seront vendus. Après avoir pris connaissance de ces faits, *Tommy Hilfiger Inc.* veut récupérer immédiatement le solde qui lui est dû par *Eaton*, considérant que celle-ci ne pourra sûrement pas la rembourser et ne possédera plus aucun bien qui pourrait être saisi et vendu.

Commentaire

L'entente passée avec *Eaton Co. Limited* comporte un remboursement à terme. *Eaton Co. Limited* possède le bénéfice du terme, et c'est cette règle du bénéfice du terme qui interdit à *Tommy Hilfiger Inc.* de réclamer le solde du prêt avant les échéances prévues. Cependant, l'insolvabilité d'*Eaton Co. Limited* est un acte qui lui fait perdre le bénéfice du terme. *Tommy Hilfiger Inc.* est donc autorisée à prendre action immédiatement contre *Eaton* pour le solde dû. Les autres créanciers, le cas échéant, vont faire de même et l'actif d'*Eaton Co. Limited* sera partagé selon l'ordre de collocation spécifié dans la loi.

ARTICLE 2646 ***

> *Les créanciers peuvent agir en justice pour faire saisir et vendre les biens de leur débiteur.*
>
> *En cas de concours entre les créanciers, la distribution du prix se fait en proportion de leur créance, à moins qu'il n'y ait entre eux des causes légitimes de préférence.*
>
> **Disposition liée :** C.c.Q., art. 2647 et 2651

Mise en situation

Mets plus inc. exploite une entreprise de préparation de mets congelés. Cette compagnie possède trois camions de livraison qui ont une valeur totale de 158 000 $ et un immeuble d'une valeur de 168 200 $. Les créanciers de la compagnie sont les suivants :

Boulangerie Pain	10 000 $	Marchandises livrées deux mois auparavant
Ministère du Revenu	80 000 $	Impôt impayé sur le revenu pour l'année 1997
Banque du Peuple	150 000 $	Prêt garanti par une hypothèque sur l'immeuble contracté le 3 janvier 1994
Ville de Biche	12 000 $	Impôt foncier
Banque Joviale	75 000 $	Prêt garanti par une hypothèque sur les camions contracté le 3 avril 1992
Les légumes de jardin inc.	4 000 $	Marchandises livrées 45 jours auparavant

Le directeur du crédit chez *Boulangerie Pain* est inquiet parce que *Mets plus inc.* est en retard sur ses paiements. En fait, sur sa créance de 10 000 $, une somme de 2 000 $ est déjà échue. Il se demande quelle somme il pourrait obtenir s'il entreprenait des procédures contre *Mets plus inc.* afin que les biens de l'entreprise soient saisis et vendus en justice.

Commentaire

Le produit de la vente des biens de *Mets plus inc.* doit être partagé entre les créanciers selon l'ordre juridique fixé dans le *Code civil. Boulangerie Pain* doit aussi considérer que la procédure va entraîner des frais judiciaires (huissier, timbres judiciaires...). Ces frais seront payés avec le produit de la vente des biens de l'entreprise (C.c.Q., art. 2651(1)).

Les premiers créanciers à être payés sont les créanciers prioritaires. Ceux-ci sont indiqués à l'article 2651 du *Code civil,* de même que leur ordre de priorité. La première créance payée concerne les frais de justice. Par hypothèse, supposons que ceux-ci s'élèvent à 1 000 $ pour les camions et à 1 200 $ pour l'immeuble. Ces sommes seront donc prélevées respectivement sur le produit de la vente de ces biens. Le ministère du Revenu et la Ville de Biche sont les autres créanciers prioritaires. Ils seront payés immédiatement après les frais de justice (C.c.Q., art. 2651(3) et (5)). La priorité du ministère du Revenu porte sur les camions (C.c.Q., art. 2653), alors que la priorité de la Ville de Biche porte sur l'immeuble (C.c.Q., art. 2651(5)).

Au second rang viennent les créanciers hypothécaires (C.c.Q., art. 2660). La *Banque du Peuple* possède une hypothèque sur l'immeuble, et la *Banque Joviale* une hypothèque sur les camions. Il est très important de déterminer sur quels biens portent les priorités et les hypothèques. Dans notre cas, cela n'a pas vraiment d'incidence sur le montant que chacun des créanciers recevra. Néanmoins, le résultat serait différent si la valeur du bien sur lequel porte une priorité ou une garantie, ou les deux, est inférieure au montant de cette priorité ou de cette garantie. À titre d'exemple, si la valeur des camions n'était que de 70 000 $, alors le ministère du Revenu serait un créancier hypothécaire pour seulement 69 000 $ (la valeur des camions moins les frais de justice). Il serait un créancier ordinaire pour le solde de 11 000 $, ce qui toucherait tous les autres créanciers ordinaires.

Les légumes de jardin inc. et *Boulangerie Pain* sont payées en dernier lieu au prorata de leur créance, étant des créanciers ordinaires (C.c.Q., art. 2646(2)). Le produit de la vente est suffisamment élevé pour payer intégralement les créanciers prioritaires et hypothécaires. Il reste une somme de 7 000 $ à partager entre les créanciers ordinaires dont les créances totalisent 14 000 $ (7 000 $ / 14 000 $ = 1/2). Par conséquent les deux créanciers ordinaires recevront la moitié de leur créance, soit 5 000 $ pour *Boulangerie Pain* et 2 000 $ pour *Les légumes de jardin inc.*

Produit de la vente de l'immeuble :	**168 200 $**
Frais de justice	- 1 200 $
Ville de Biche	- 12 000 $
Banque du Peuple	- 150 000 $

5 000 $ à partager entre les créanciers ordinaires

Produit de la vente des camions :	**157 000 $**
Ministère du Revenu	- 80 000 $
Banque Joviale	- 75 000 $

2 000 $ à partager entre les créanciers ordinaires

ARTICLE 2700 **

L'hypothèque mobilière sur un bien qui n'est pas aliéné dans le cours des activités de l'entreprise et qui n'est pas inscrite sur une fiche établie sous la description de ce bien est conservée par la production au registre des droits personnels et réels mobiliers, d'un avis de conservation de l'hypothèque.

Cet avis doit être inscrit dans les quinze jours qui suivent le moment où le créancier a été informé, par écrit, du transfert du bien et du nom de l'acquéreur ou le moment où il a consenti par écrit à ce transfert ; dans le même délai, le créancier transmet une copie de l'avis à l'acquéreur.

L'avis doit indiquer le nom du débiteur ou du constituant, de même que celui de l'acquéreur, et contenir une description du bien.

Dispositions liées : C.c.Q., art. 2660, 2674 et 2751

Mise en situation

Radio de Lanaudière inc. est une station radiophonique faisant affaire avec la *Caisse populaire Desjardins* pour financer ses opérations. La caisse détient une hypothèque sur l'universalité des équipements de l'entreprise pour garantir le remboursement du prêt. La station de radio éprouve de sérieuses difficultés financières. Afin de redresser la situation, les dirigeants décident d'abandonner la diffusion sur la bande FM pour ne diffuser que sur la bande AM. *Radio de Lanaudière inc.* vend alors ses équipements FM à *Radio M.F. C.I.E.L. Inc.* Mais *Radio de Lanaudière inc.* omet d'informer la caisse de cette transaction, contrairement à ce qui est prévu au contrat de prêt liant ces parties. Sept mois plus tard, *Radio de Lanaudière inc.* fait faillite malgré son plan de restructuration. C'est à ce moment que la caisse prend connaissance de la transaction et décide d'exercer ses recours hypothécaires sur les biens qui sont maintenant la propriété de *Radio M.F. C.I.E.L. Inc.* Cette dernière prétend que le droit hypothécaire de la caisse sur les biens est éteint puisque la vente est intervenue dans le cours des affaires de *Radio de Lanaudière inc.*[32]

Commentaire

Le droit de suite que confère l'hypothèque ne subsiste que si le bien est vendu hors du cours ordinaire des activités du débiteur. L'interprétation de ces termes par les tribunaux est donc importante. Il est évident que la vente des biens en inventaire constitue une vente dans le cours des activités de l'entreprise. À titre d'exemple, le concessionnaire d'automobiles qui vend une voiture commet un acte qui s'inscrit dans le cours de ses activités normales ; le prêteur hypothécaire ne conserve pas son droit sur la voiture vendue, son hypothèque grèvera plutôt la voiture acquise par le concessionnaire pour maintenir son inventaire. En général, la jurisprudence est très souple sur ce qu'il faut entendre par le « *cours des activités de l'entreprise* ». Dans le cas présent, la vente d'un ou de deux amplificateurs devenus désuets pour les remplacer par de nouveaux serait ainsi une opération considérée comme s'inscrivant

---

32. Cette mise en situation est inspirée de l'affaire *Caisse populaire Desjardins de Joliette* c. *Radio MF CIEL (1981) inc.*, [1996] R.J.Q., 3000 (C.S.).

dans le cours des affaires d'une station de radio. Il en serait de même d'une entreprise de transport qui remplace un camion comptant quelques années d'utilisation par un plus récent ou par un plus performant[33].

La vente des équipements de *Radio de Lanaudière inc.* ne correspond évidemment pas à ce type de transaction. La vente d'une partie importante des équipements dans le but de restreindre ses activités ou de tenter un redressement financier est un fait exceptionnel et hors du cours normal des activités d'une entreprise. Par conséquent, les équipements demeurent assujettis à l'hypothèque en faveur de la caisse et cette dernière peut exercer ses recours sur les biens, même s'ils ont été vendus. *Radio M.F. C.I.E.L. Inc.* aurait dû vérifier au registre des droits personnels et réels mobiliers si les équipements étaient hypothéqués avant de procéder à la transaction.

Habituellement, le créancier doit inscrire un avis de renouvellement d'hypothèque pour conserver son droit dans les 15 jours suivant le moment où il a été avisé formellement par écrit du transfert des équipements. Si le créancier n'est pas informé par écrit, comme dans le cas présent et dans la majorité des cas, le délai pour inscrire l'avis ne commence jamais à courir et le créancier n'a pas à inscrire l'avis[34]. Pour cette raison, la caisse n'avait pas cette obligation dans le cas présent.

---

33. *Id.*, p. 3002 ; *Legault & Frères Inc.* c. *2751-5717 Québec Inc.*, [1997] R.J.Q., 2336 (C.Q.).

34. Louis Payette, « Livre sixième : Des priorités et des hypothèques (art. 2644 à 2802 C.C.) », dans Barreau du Québec et Chambre des notaires du Québec, *La réforme du Code civil : priorités et hypothèques, preuve et prescription, publicité des droits, droit international privé, dispositions transitoires*, tome 3, Sainte-Foy, PUL, 1993, p. 9, 171.

ARTICLE 2728 *

L'hypothèque garantit la plus-value donnée à l'immeuble par les travaux, matériaux ou services fournis ou préparés pour ces travaux ; mais, lorsque ceux en faveur de qui elle existe n'ont pas eux-mêmes contracté avec le propriétaire, elle est limitée aux travaux, matériaux ou services qui suivent la dénonciation écrite du contrat au propriétaire. L'ouvrier n'est pas tenu de dénoncer son contrat.

Disposition liée : C.c.Q., art. 2952

Mise en situation

Les Jardins du sommet S.E.C. a acheté un immeuble à logements en 1996. Afin de financer cet achat, la société a emprunté 330 000 $ à la *Banque Pop.* Avant que *Les Jardins du sommet S.E.C.* apporte des rénovations à l'immeuble, celui-ci avait une valeur de 354 000 $. Aujourd'hui, un solde de 318 000 $ est dû à la banque. Selon le contrat de prêt, la dette sera acquittée complètement en 2007. Il y a deux mois, *Les Jardins du sommet S.E.C.* a engagé un entrepreneur pour faire des travaux dans l'immeuble. Ces travaux ont été achevés hier et le montant dû à l'entrepreneur par la société est de 150 000 $. Ce dernier enregistre une hypothèque sur l'immeuble pour garantir le remboursement de cette somme. À cause de certaines malchances, la société ne peut payer un sou à l'entrepreneur. Celui-ci prétend que son hypothèque prime sur celle de la *Banque Pop* et qu'il doit être payé en premier.

Commentaire

Il est du droit de l'entrepreneur d'enregistrer une hypothèque légale sur l'immeuble auquel il a apporté des améliorations. L'entrepreneur aura le premier rang pour cette hypothèque et passera avant la banque. Néanmoins, l'hypothèque de l'entrepreneur ne porte que sur la plus-value qu'il a apportée à l'immeuble. À titre d'exemple, si l'immeuble vaut 400 000 $ après les travaux, l'hypothèque de l'entrepreneur portera sur 46 000 $ (400 000 $ - 354 000 $). Il sera créancier ordinaire pour le solde. La valeur résiduelle de l'immeuble après l'hypothèque de l'entrepreneur demeure donc de 354 000 $. Dans notre mise en situation, la banque n'a donc pas à s'inquiéter des hypothèques de la construction, même si le premier rang est concédé à ces dernières.

FAILLITE ET INSOLVABILITÉ

Loi sur la faillite

ARTICLE 54 **

(1) *Les créanciers peuvent, conformément aux autres dispositions du présent article, décider d'accepter ou rejeter la proposition ainsi qu'elle a été faite ou modifiée à l'assemblée ou à un ajournement de celle-ci.*

(2) La votation est régie par les règles suivantes :

a) tous les créanciers non garantis, ainsi que les créanciers garantis dont les réclamations garanties ont fait l'objet de la proposition, ont le droit de voter s'ils ont prouvé leurs réclamations ;

b) les créanciers votent par catégorie, selon celle des catégories à laquelle appartiennent leurs réclamations respectives ; à cette fin, toutes les réclamations non garanties forment une seule catégorie, sauf si la proposition prévoit plusieurs catégories de réclamations non garanties, tandis que les catégories de réclamations garanties sont déterminées conformément au paragraphe 50(1.4) ;

c) le vote des créanciers garantis n'est pas pris en considération pour l'application du présent article ; il ne l'est que pour l'application du paragraphe 62(2) ;

d) *la proposition est réputée acceptée des créanciers, seulement si toutes les catégories de créanciers non garantis votent en faveur de son acceptation par une majorité en nombre et une majorité des deux tiers en valeur des créanciers non garantis de chaque catégorie présents personnellement ou représentés par fondé de pouvoir à l'assemblée et votant sur la résolution.*

Mise en situation

La compagnie *Épongex inc.* fabrique des éponges et d'autres produits utilisés pour les travaux ménagers. Elle éprouve des difficultés financières depuis quelques mois. Incapable depuis deux mois de payer ses créanciers selon les termes convenus, *Épongex inc.* a déposé un avis d'intention en date du 3 juin afin d'éviter la faillite. L'actif d'*Épongex inc.* est insuffisant pour payer tous ses créanciers. Après avoir payé ses créanciers garantis, il resterait à la compagnie environ 1 $ d'actif pour 2 $ de dettes. Tous les créanciers d'*Épongex inc.* étaient présents à l'assemblée des créanciers tenue le 26 juin et ont voté de la façon suivante sur la proposition concordataire.

Créancier	**Créance**	**Vote pour**	**Vote contre**
Caisse d'amis (prêt garanti par une hypothèque sur l'immeuble)	30 000 $		X
Ville de Saint-Clin (impôts fonciers)	3 000 $	X	
Plastic inc. (matériel livré le 2 octobre)	7 500 $		X
Ville de Québec (taxe d'affaires)	2 500 $	X	
Ministère du Revenu du Québec (impôts) (le Ministère ne s'est pas prévalu de son droit à l'hypothèque légale)	32 500 $	X	
Banque Proche (prêt garanti par une hypothèque sur les équipements)	25 000 $		X
Fourniture inc. (matériel livré le 28 septembre)	27 500 $		X
Immeuble prop. inc. (5 mois de loyer)	5 000 $	X	

Les dirigeants d'*Épongex inc.* veulent savoir si la proposition concordataire est acceptée ou si la compagnie est en faillite à la suite de ce vote sur la proposition concordataire.

Commentaire

Épongex inc. évite la faillite si la proposition concordataire est acceptée par les créanciers non garantis qui ont une réclamation prouvable dans la faillite. Le refus, au contraire, entraîne la faillite automatiquement. Pour être acceptée, la proposition doit recueillir les votes de la majorité des créanciers non garantis. De plus, le total des créances des créanciers en faveur de la proposition doit représenter les deux tiers des réclamations prouvables.

La *Caisse d'amis* et la *Banque Proche* sont des créanciers garantis parce qu'elles possèdent un droit hypothécaire. Pour ces raisons, leur vote n'a pas d'effet sur l'acceptation ou le rejet de la proposition (L.f., art. 54(2) c)). La Ville de Saint-Clin est également un créancier garanti parce qu'elle détient une priorité au sens de l'article 2651 du *Code civil*. Par conséquent, son vote n'a pas d'effet non plus.

Plastic. inc. et *Fourniture inc.* sont des créanciers ordinaires puisqu'ils ne sont pas garantis (ne détenant ni priorité ni hypothèque) ni privilégiés au sens de l'article 136 de la *Loi sur la faillite*. Il en est de même pour le ministère du Revenu. (Ce dernier n'a plus de privilège pour les faillites survenues après le 30 novembre 1992.) *Immeuble prop. inc.* est un créancier privilégié pour 3 000 $ (L.f., art. 136(1) f)) et ordinaire pour 2 000 $. La Ville de Québec est également un créancier privilégié (L.f., art. 136(1) e)). Les votes de ces cinq créanciers sont donc comptabilisés pour le rejet ou l'acceptation de la proposition. Trois de ces créanciers sur cinq, donc la majorité, ont accepté la proposition. Leurs créances totalisent 40 000 $ (2 500 + 32 500 + 5 000). La valeur totale des créances qui sont qualifiées de réclamations prouvables s'élève à 75 000 $ (2 500 + 32 500 + 5 000 + 7 500 + 27 500). Par conséquent, la valeur des créances des créanciers en faveur de la proposition représente seulement 53 % des réclamations prouvables. La proposition est donc rejetée et *Épongex inc.* est en faillite.

ARTICLE 95 **

(1) Sont tenus pour frauduleux et inopposables au syndic dans la faillite tout transport ou transfert de biens ou charge les grevant, tout paiement fait, toute obligation contractée et toute instance judiciaire intentée ou subie par une personne insolvable en faveur d'un créancier ou d'une personne en fiducie pour un créancier, en vue de procurer à celui-ci une préférence sur les autres créanciers, s'ils surviennent au cours de la période allant du premier jour du troisième mois précédant l'ouverture de la faillite jusqu'à la date de la faillite inclusivement.

(2) Lorsqu'un tel transport, transfert, charge, paiement, obligation ou instance judiciaire a pour effet de procurer à un créancier une préférence sur d'autres créanciers, ou sur un ou plusieurs d'entre eux, il est réputé, sauf preuve contraire, avoir été fait, contracté, intenté, payé ou subi en vue de procurer à ce créancier une préférence sur d'autres créanciers, qu'il ait été fait ou non volontairement ou par contrainte, et la preuve de la contrainte ne sera pas recevable pour justifier pareille transaction.

Mise en situation

Hodden Gray Graphics Limited, une imprimerie, est en mauvaise situation financière depuis son incorporation en 1995. Ces difficultés sont dues surtout à l'achat d'un nouvel équipement dispendieux qui s'avère trop souvent défectueux. D'ailleurs, des poursuites judiciaires sont intentées en 1996 contre le vendeur. En 1998, la situation est telle que de nouveaux fonds doivent être injectés dans l'entreprise. Crook, le principal actionnaire et président de la compagnie, pressent plusieurs institutions financières afin de négocier un emprunt. En juin 1998, la *Banque de Montréal* consent un prêt personnel de 20 000 $ à Crook, qui prête cet argent à la compagnie. Au moment du prêt, la banque impose la condition que toute somme reçue découlant des poursuites judiciaires contre le vendeur de l'équipement soit utilisée pour rembourser le prêt.

Le même mois, Crook avise les créanciers actuels de la compagnie de son état d'insolvabilité. Il procède à une réorganisation de l'entreprise, réduit le personnel et les dépenses. Crook réussit ainsi à convaincre les créanciers de la compagnie de lui accorder de nouvelles échéances de paiement plus longues. Le prêt obtenu est d'ailleurs utilisé pour rembourser les versements non effectués accumulés. La compagnie réussit à faire face à ses obligations envers ses créanciers durant les mois de juillet et août. Au cours de ce dernier mois, la compagnie obtient gain de cause dans sa poursuite contre le vendeur et reçoit un montant de 22 000 $. Une somme de 1 000 $ est utilisée pour payer les frais d'avocat. Une somme de 17 000 $ est remboursée à Crook qui la remet à la *Banque de Montréal*. Le solde de 4 000 $ est conservé dans la compagnie.

Par la suite, la compagnie réussit à payer ses créanciers en septembre, octobre et novembre 1998. En janvier 1999, la compagnie fait la cession volontaire de ses biens. Le syndic chargé de la faillite prétend que le paiement de 17 000 $ effectué à Crook en août constitue une préférence frauduleuse et exige que Crook rembourse ce montant à la compagnie[35].

Commentaire

Dans cette affaire, il était admis que la compagnie était insolvable au moment où le paiement a été fait à Crook. Celui-ci étant une personne liée à la compagnie au sens de l'article 4 de la *Loi sur la faillite*, le paiement a été effectué durant la période étendue d'un an pendant laquelle le syndic est autorisé à intervenir (L.f., art. 96). L'article 95 stipule qu'un tel paiement est présumé fait avec l'intention de procurer un avantage au créancier. Les trois conditions pour que le syndic réussisse dans son recours sont réunies, à moins que la compagnie rabatte

---

35. Cette mise en situation est inspirée de l'arrêt *Re Hodden Gray Graphics Limited*, (1975) 19 C.B.R. 204.

la présomption et puisse démontrer que, dans les faits, son but n'était pas d'avantager Crook au moment du paiement effectué en août.

Un des critères déterminants retenus par les tribunaux pour apprécier cette preuve est de savoir si, au moment du paiement, le failli avait l'intention de faire faillite ou croyait de bonne foi que ce paiement lui permettrait de continuer ses activités[36]. Dans l'affaire présente, le juge a conclu que la compagnie n'avait pas l'intention de faire faillite au moment du paiement effectué à Crook, mais que le paiement a plutôt été fait dans le but de continuer les activités de l'entreprise. Le juge a retenu que la compagnie a payé ses créanciers selon les ententes convenues durant les trois mois suivant le paiement. Il a aussi retenu que, si la compagnie avait eu l'intention de créer une préférence frauduleuse, elle aurait versé 20 000 $ à Crook et non seulement 17 000 $. Le plan de restructuration par lequel la compagnie a diminué ses coûts d'exploitation était également un indice de l'intention de continuer à faire affaire, selon le juge.

---

36. *In Re Grimsby Machine Mfg. Co.*, (1971) 15 C.B.R. 1.

Index

SOCIÉTÉS

COMPAGNIES

PUBLICITÉ LÉGALE DES ENTREPRISES

PROTECTION DE L'ENTREPRISE

RELATIONS DE TRAVAIL

DEVOIRS DES ADMINISTRATEURS

FINANCEMENT

Marquis imprimeur inc.

Québec, Canada
2007